Ingeborg Kruse
Mädchen, wach auf!

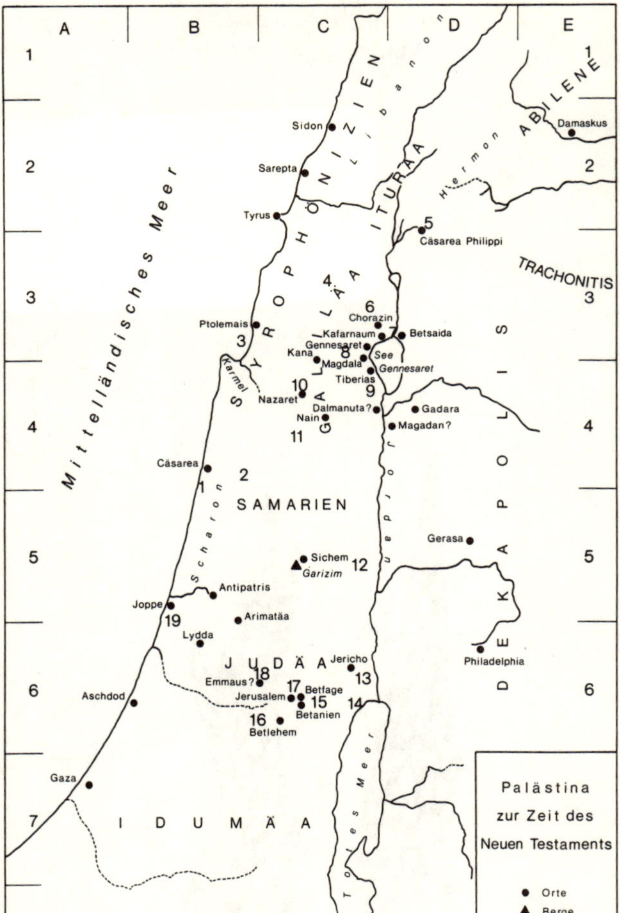

1 Scharon-Ebene
2 Caesarea
3 Alt Akko
4 Oberes Galiläa
5 Caesarea Philippi
6 Nordgaliläa
7 Kapernaum
8 Magdala
9 Tiberias
10 Nazareth
11 die Ebene Jesreel
12 Westjordanland
13 Jericho
14 Zwischen Jericho und Jerusalem
15 Bethanien
16 Bethlehem
17 Jerusalem
18 Emmaus
19 Jaffa/Tel Aviv

Ingeborg Kruse

Mädchen, wach auf!

Frauengeschichten
aus dem Neuen Testament

Kreuz Verlag

CIP-Titelaufnahme der Deutschen Bibliothek

Kruse, Ingeborg:
Mädchen, wach auf!: Frauengeschichten aus dem Neuen Testament/Ingeborg Kruse. – 1. Aufl. –
Stuttgart: Kreuz-Verl., 1989
ISBN 3-7831-0964-7

1. Auflage (1. – 8. Tausend)
Kreuz Verlag Stuttgart 1989
Umschlaggestaltung: Jürgen Reichert, Kornwestheim
Umschlagbild: Maurice Denis »Saintes femmes au Tombeau«,
1984, Musée du Prieuré, Saint Germain en Laye
Karte von Palästina auf Seite 2
mit freundlicher Genehmigung der Deutschen Bibelgesellschaft
Gesamtherstellung: Clausen & Bosse, Leck
ISBN 3 7831 0964 7

Inhalt

Vorwort

In zahllosen Predigten und Bibelarbeiten ist bereits über die Frauen des Neuen Testaments nachgedacht und geredet worden, in Zeitschriften und Büchern wurden ihre Geschichten längst veröffentlicht. Als ich sie in Israel besuchte, dem Land der Bibel, da überredeten sie mich, ihre Geschichten noch einmal zu schreiben.

»Mädchen, wach auf!« Wer sich von diesem Satz angesprochen fühlt, ist gemeint. In jeder Frau ist dieses Mädchen lebendig, auch wenn es schläft.

»Mädchen, wach auf!« Diesen Satz möchte ich vielen Frauen zurufen und sie ermuntern, ihre weiblichen Vorstellungen zu verbreiten. Und nicht zuletzt wünsche ich mir Schwestern und Brüder, die ihn mir zurufen, wenn sie merken, daß ich müde werde.

Die Kapitelfolge dieses Buches entspricht dem Verlauf unserer Israel-Reise. Die biblischen Texte, die meinen Erzählungen zugrunde liegen, sind im Anhang abgedruckt. Sie wurden der Einheitsübersetzung von 1980 entnommen.

Scharon-Ebene

Die Prophetinnen

Bibeltexte siehe Seite 191

Wir erreichten das Gelobte Land in tiefer Dunkelheit. Am Flughafen von Tel Aviv wurden wir von einem sanften, frühlingslinden Wind, von nachtschwarzen Palmen und dem geschäftigen Treiben eines wohlorganisierten Tourismus empfangen. Nachdem wir uns im Hotel ein wenig erfrischt hatten, gingen wir hinunter ans Meer. Der Geruch des Wassers und das Rauschen der Brandung waren kostbare Gastgeschenke.

Am Morgen verließen wir das geschäftige Tel Aviv und fuhren durch die Scharon-Ebene in Richtung Caesarea. Entlang der Straße sahen wir rote, fruchtbare

Erde, gepflügte Äcker, Erdbeerfelder, Zitrusplantagen und Wiesen, die mit gelben Frühlingsblumen übersät waren. »Ich bin eine Blume auf den Wiesen des Scharon, eine Lilie der Täler« (HL 2,1).

Du bist lieblich anzusehen, Hirtin, vor den Häusern Haderas. Dein grünes Kleid, dein weißes Kopftuch, dein Hirtenstab, die kleine Schafherde, die du hütest, du bist eine Augenweide und weckst Erinnerungen an uralte Hirtengeschichten. Heißt du Rebekka, Rahel, Lea, Zippora? Nichts scheint sich hier verändert zu haben. Ich dachte, wenn wir die befestigte Straße verlassen würden, wären wir schon in der Vergangenheit angekommen.

Für uns gab es nur diesen einen Aprilmorgen im Scharon-Tal. Doch die Zeit, die so unaufhaltsam verrinnt, muß wohl für einen Augenblick stehengeblieben sein, denn ich sehe sie immer noch, die grün-weiße Hirtin mit ihrem Hirtenstab, eine junge Frau, die einen langen, heißen Tag vor sich hat und träumt.

An diesem ersten Morgen im Heiligen Land war ich sehr neugierig auf das, was mich erwartete. Würde ich in die Vergangenheit eintauchen können, wie ich es mir vorgenommen hatte, und den Frauen begegnen, den Augenzeuginnen der christlichen Anfänge? Würden sie mir gestatten, mit ihnen zu reden?

Als wir am Karmel entlangfuhren, jenem immergrünen Gebirge, das seit frühester Zeit eine heilige Stätte gewesen ist, dachte ich daran, daß der Prophet Elija Israel aufgefordert hatte, auf diesem heiligen Berg zwischen Jahwe und Aschera mit ihrem Baal zu wählen. »Ganz Israel versammle sich auf dem Karmel, auch die vierhundertfünfzig Propheten des Baal und die vierhundert Propheten der Aschera, die vom Tisch Isebels essen«, ordnete er an (1 Kö 18,19). Nachdem sich das Volk für Jahwe, den stärkeren Gott, entschieden hatte, befahl Elija: »Ergreift die Propheten des

Baal! Keiner von ihnen soll entkommen.« Man ergriff sie, und Elija ließ sie zum Bach Kischon hinabführen und dort töten (1 Kö 18,40). Wie der Schatten einer Wolke über die Erde zieht, so kam mir diese Geschichte in den Sinn. Als der Schatten vorübergezogen war, freute ich mich, daß die Propheten der Aschera mit dem Leben davongekommen waren.

Ich dachte an die zärtlichen Worte des Hohen Liedes: »Dein Haupt gleicht dem Karmel; wie Purpur sind deine Haare; ein König liegt in den Ringeln gefangen« (HL 7,6). Durch diese zauberhaften Liebesworte wurde mit der Karmel vertraut und schön, und der Prophet Elija verlor seine Schrecken. Vielleicht hatte Ahab seiner Isebel diese Worte zugeflüstert: »Wie Purpur sind deine Haare, ein König liegt in den Ringeln gefangen.«

Es ist nicht überliefert, daß Jesus sich zwischen dem Mittelmeer und dem Karmel aufgehalten hat. Weil mir aber bekannt war, daß der Evangelist Philippus mit seinen vier prophetisch begabten Töchtern hier zu Hause gewesen ist, sah ich mich aufmerksam nach ihnen um, als wir Caesarea erreichten.

Ich erinnerte mich der Frauen, die wie sie Prophetinnen gewesen waren in Israel. An die Prophetin Mirjam erinnerte ich mich, die ihre Handpauke ergriff und dem Volk voranschritt, als es Ägypten verließ; an die Prophetin Debora, die Richterin, die sie »Mutter in Israel« nannten; an die Prophetin Hulda, die König Josija Gottes Willen offenbarte, nachdem das verlorengegangene Gesetzbuch wiedergefunden worden war; an die Prophetin Noadja dachte ich, die versuchte, Nehemia daran zu hindern, die Menschen in Jerusalem mit einer neuen Mauer aus Steinen und Gesetzen zu umgeben; an die Prophetin Hanna, die im Tempel wohnte und das Christkind begrüßte; und an Maria, die die Salbung Jesu vollzog.

Nachdem Gottes Geist sich am Pfingstfest auf alle Gläubigen gelegt hatte, gab es auch in den jungen christlichen Gemeinden geistbegabte, prophetische Frauen und Männer. Ihr prophetisches Amt gab ihnen das Recht, in den Gottesdiensten frei zu beten und zu reden, während die Apostel, Ältesten und Diakone an den liturgischen Wortlaut der Texte und Gebete gebunden waren. Wenn die Prophetinnen und Propheten, vom Geist erfüllt, zu reden begannen, hatten alle anderen zu schweigen[1].

Im Gegensatz zu ihrem Vater Philippus, dessen Verkündigung sich vor allem an die Ungetauften richtete, waren die vier Prophetinnen von Caesarea die Seelsorgerinnen der Ortsgemeinde. In bestimmten Situationen sagten sie den versammelten Gläubigen konkret, was sie zu tun und zu lassen hatten. Sie tadelten und lobten, ermahnten und trösteten die Gemeinde, wie Paulus es in seinem Brief an die Korinther beschrieben hat: »Wer prophetisch redet, baut auf, ermutigt, spendet Trost« (1 Kor 14,3).

Während des Gottesdienstes trugen sie eine besondere Amtstracht. Sie kleideten sich in weiße Leinengewänder, ähnlich der römischen Palla, dem Mantel, den die Frauen auf der Straße trugen. Ihren Kopf bedeckten sie mit einem weißen Tuch, wie es bei den orientalischen Frauen heute noch üblich ist.

In Korinth gab es andere Sitten. Dort trugen die Prophetinnen ihre langen Haare offen während der Gottesdienste. Paulus fühlte sich durch sie in seiner Andacht gestört. Ihr weiches Haar verwirrte ihn. Es scheint ihm unmöglich gewesen zu sein, sie anzusehen und ihnen gleichzeitig aufmerksam zuzuhören. Und wie ihm wird es wohl auch anderen Männern ergangen sein.

Nachdem er in Caesarea miterlebt hatte, wie sehr das weiße Tuch, mit dem die Prophetinnen dort ihre

Haare bedeckten, dazu beitrug, daß ihre ekstatischen Weissagungen Andacht hervorriefen und keine erotischen Gefühle weckten, schrieb er an die Christen in Korinth: »Frauen, die im Gottesdienst beten oder prophetisch reden, sollen ein Kopftuch tragen.« Außerdem gab er ihnen noch Hinweise zur würdigen Feier des heiligen Abendmahls. Er schloß den Abschnitt dieses Briefes mit den Worten: »Weitere Anordnungen werde ich treffen, wenn ich komme« (1 Kor 11,34).

Für die Gläubigen gab es in den Jahren und Jahrzehnten nach Pfingsten viele Probleme, die nicht leicht zu lösen waren. An der Meinungsverschiedenheit über die Beschneidung der christlichen Männer wäre es fast zum Bruch zwischen den judenchristlichen und den heidenchristlichen Gemeinden gekommen. Endlose Debatten über den rechten Gebrauch der Sakramente, über Fragen der Verkündigung, der Ämterverteilung, der Diakonie, über Ethik und Moral wurden geführt.

Vieles war mir bereits aus der Apostelgeschichte und aus den Apostelbriefen bekannt gewesen; aber einiges erfuhr ich erst, als ich die vier prophetisch begabten Töchter aus Caesarea kennenlernte.

Ich stellte fest, daß Frauen in der frühen christlichen Zeit prophetische, priesterliche, diakonische und missionarische Ämter bekleideten, daß es eine Apostelin gab unter den Aposteln und daß ihre Mitwirkung in der Verkündigung und in gemeindeleitenden Aufgaben selbstverständlich gewesen war [2]. Die Namen einiger amtierender Frauen wurden mit bekannt und vertraut. Es waren Lydia (Apg 16,14.20), Claudia (2 Tim 3,19 f.), Priska (Röm 16,3), Euodia und Syntyche (Phil 4,2 f.), Maria, Tryphaia, Tryphosa und die liebe Persis (Röm 16,2.12), Phöbe (Röm 16,1), Chloë (1 Kor 1,11), Julia (Apg 16,15), Junia (Röm 16,9), und vielleicht gehörte auch Damaris (Apg 17,34) dazu.

Von der verhängnisvollen Entwicklung, die ihren

Ausschluß aus kirchlichen Ämtern zur Folge hatte, waren sie noch nicht betroffen. Bevor das Schweigegebot wirksam werden konnte, von dem angenommen wird, daß es erst nachträglich in den Korintherbrief eingefügt worden ist, war ihre gleichberechtigte Mitwirkung in den christlichen Gemeinden ebenso selbstverständlich, wie sie für viele Frauen inzwischen wieder selbstverständlich zu werden beginnt. Dazwischen liegt die Kirchengeschichte wie ein schwerer Block.

Die Verbannung der Frau aus der Öffentlichkeit und ihr Ausschluß aus allen offiziellen kirchlichen Ämtern, der ungeheuerliche Männlichkeitswahn wurde erst wirksam, als der verhängnisvolle Satz: »Frauen sollen in der Versammlung schweigen, es ist ihnen nicht gestattet zu reden« (1 Kor 14,34) in das Neue Testament aufgenommen und als Gottes Wille verkündigt wurde.

Philo von Alexandrien, ein Zeitgenosse der Prophetinnen, ging noch weiter in seinen Forderungen. Er verlangte nicht nur, daß Frauen schweigen, sondern seiner Meinung nach sollten sie sich überhaupt nicht in der Öffentlichkeit blicken lassen. Er schrieb: »Marktplätze, Ratsversammlungen, Gerichtshöfe, gesellschaftliche Vereinigungen, Versammlungen großer Menschenmengen und der Lebensverkehr durch Wort und Tat unter freiem Himmel in Krieg und Frieden eignen sich nur für Männer; das weibliche Geschlecht dagegen soll das Haus hüten und daheim bleiben, und zwar sollen sich die Mädchen in den hinteren Gemächern aufhalten und die Verbindungstür als Grenze ansehen, erwachsene Frauen aber die Haustür.«[3]

Mit welch kalter, anmaßender Arroganz mutetet der Philosoph aus Alexandrien geistbegabten Frauen ein Leben in Unwissenheit und Abhängigkeit zu!

Fast zweitausend Jahre später, im Jahr des Herrn

1839, schrieb Ida Hahn-Hahn folgenden Dialog: »Das Recht ist von Männern erfunden; man lehrt sie es deuten und anwenden; unwillkürlich kommt es ihrem Vorteil zugut. Männer dürfen ja alles tun, alles wissen, aller lernen. Sie sitzen zu Gericht und entscheiden, wie Gott selbst, über die Seelen und über Leben und Tod. Sie stehen auf der Kanzel zwischen der Menge, an Wiege und Grab bei dem einzelnen und verteilen Himmel und Hölle.

Sie verteidigen das Vaterland, sie umschiffen die Welt – und wir... wir sehen zu! – oh, ich hasse sie!

Weil sie Dinge tun, die den Frauen unmöglich sind? Wie ungerecht!

Unmöglich? – schickt die Mädchen auf die Universitäten und die Knaben in die Nähschule und Küche: nach drei Generationen werdet ihr wissen, ob es unmöglich ist, und was es heißt, die Unterdrückten zu sein.«[4]

Das Unrecht, das uns Frauen angetan wurde, mag inzwischen hinlänglich bekannt sein. Gesühnt ist es aber erst dann, wenn es allen als Un-Recht bewußt geworden ist und die Konsequenzen daraus gezogen werden. Das steht noch aus.

Zurück zu den vier Prophetinnen in Caesarea. Drei von ihnen wurden mit ihrem Vater Philippus in Caesarea begraben. Die Spur der vierten Tochter führt nach Ephesus[5]. Konkretes gibt es nicht über sie zu berichten. Sie wird auf ihre ganz persönliche Art, geistbegabt, begeistert, mitreißend und wohl auch provozierend, die Frohe Botschaft von Jesus Christus verkündet haben. Vielleicht schon nicht mehr öffentlich oder im Gottesdienst, sondern nur noch in irgendeinem gastfreien Haus oder unter einem Baum im Hinterhof.

Trotz Paulus, trotz Philo, trotz Augustin und anderer Herren hat sich an ihr, ihren Schwestern und an unzähligen Frauen die Weissagung des Propheten Joel erfüllt, der verkündete: »So spricht Gott: Ich werde meinen Geist ausgießen über alle Menschen. Eure Söhne und Töchter werden Propheten sein, eure Alten werden Träume haben und eure jungen Leute Visionen. Auch über Knechte und Mägde werde ich meinen Geist ausgießen in jenen Tagen« (Joel 3,1).

»Gottes Geist« ist für den Propheten Joel die Ruach des Alten Bundes, die schöpferische Kraft Gottes, der lebendige Atem; sie ist der göttliche Funke, die kreative Urkraft. Die Ruach ist eine weibliche Gestalt, und Sophia, die Weisheit, ist ihre »Tochter«.

Ich glaube, daß die Prophetin von Ephesus, die vierte Tochter, getreu ihrer Berufung verkündete, was Gott ihr in den Mund legte. Ich glaube, sie weissagte: »So spricht Gott: Ich werde euch meine heiligen Töchter schicken, die Ruach und die Sophia, damit sie euch beistehen in jenen Tagen.« So ist es geschehen, und so geschieht es.

Wie könnten wir Frauen uns plötzlich erheben, ohne Organisation, ohne daß es uns jemand befohlen hätte? Wie könnten wir die ungeheure Last einer zweitausendjährigen patriarchalen Geschichte Stück für Stück beiseite räumen? Wie könnten unsere verschütteten Wurzeln grüne Zweige treiben, wenn nicht eine Kraft und eine Weisheit in uns wirksam wären, die größer sind als alle Vernunft?

Caesarea am Meer

Die Herodianerinnen

Bibeltexte siehe Seite 192

Das antike Stadion quoll über von schwarzhaarigen, jeansbehosten, lärmenden, fröhlichen jungen Arabern. Dahinter lag das offene Meer, und darüber wölbte sich der blaue Himmel. Die Luft war voller Musik: Die Brandung war das Orchester, und die lachenden, rufenden jungen Stimmen waren ein riesiger Chor. Als wir dort im alten römischen Stadion saßen, verstand ich das Lied. Für mich Pilgerin, eine Fremde im Gelobten Land, war es das Lied einer neuen Generation. Aber für unseren jüdischen Reiseleiter hatte es einen anderen Klang. Es erinnerte ihn daran, daß hier in Caesarea am Meer der jüdische Aufstand gegen die

Römer begonnen hatte, der 70 n. Chr. mit der Zerstörung Jerusalems und der Vertreibung der Juden endete.

Caesareas wechselvolle Geschichte begann zweiundzwanzig Jahre vor Christi Geburt, als Herodes der Große die alte phönizische Siedlung »Stratons Turm« in einen modernen Hafen und in eine prachtvolle Residenzstadt umbauen ließ. Marmorsäulen, Granitblöcke und monumentale Bauwerke, wie auch dieses Stadion, sind Überreste jener Zeit.

Als wir dort eine Weile in der Sonne gesessen und auf das Meer hinausgesehen hatten, hörte ich es unvermutet flüstern: »Berenike war hier!« Ich sah mich um. Wer hatte das gesagt? Niemand. Die Steine waren stumm. Und wenn sie reden könnten, erzählten sie die Geschichte anders. Frauen kämen in ihren Berichten noch seltener vor als in den Aufzeichnungen der Historiker. Aber so kalt der berühmte Marmor von Caesarea ohne die Sonne ist, so kalt wären die Häuser und großen Paläste, die es hier einmal gegeben hat, ohne die Frauen gewesen.

Die Steine verschweigen zuviel, die Geschichtsschreiber haben nicht alles berichtet, und die Zeugen sind tot. Weiche Stoffe, Decken, Kissen und Tücher, in die Frauen ihre Träume nähten, mit denen sie die Häuser bewohnbar machten, sind vergänglicher als Steine.

Erzähl, Berenike!

Ach, diese alten, verworrenen Geschichten... Sind sie nicht wie ein Regen, der sich über die Wüste ergießt, sind sie nicht wie das Wasser im Wadi? Eben noch gehst du auf trockenem Sand, schon stürzt das Wasser zu Tal, und du rettest dich ans sichere Ufer; aber bald ist das Wasser verlaufen, als wäre nichts gewesen.

Als alles vorüber war, schickte sie folgende Botschaft nach Rom: »Am Meer, Schwester, laß uns reden in Caesarea wie einst. Berenike.«

Daraufhin beschloß Drusilla zu reisen. Sie trafen sich hier in der Arena. Als wäre die Zwischenzeit nicht gewesen, so nahmen sie ihre alten, vertrauten Plätze in der Königsloge ein. Sie erinnerten sich der Zeit, die sie in Caesarea verbracht hatten. An ihre Kindersommer, und wie sie ihre Mutter baten: »Erzähl uns von früher, Kypros!« und wie sie erzählte.

Von Mariamme, Urenkelin der Königin Salome Alexandra, erzählte sie, die 37 v. Chr., im Jahr seines Sieges und seiner Krönung, die zweite Frau Herodes des Großen geworden war, und daß Mariammes Herz nicht ihm, dem Römerfreund, gehörte, sondern ihrem jüdischen Volk. »Niemals wird der Freiheitskampf meines Volkes beendet sein, solange es Hasmonäer gibt in Judäa!« hatte sie gesagt.

Kypros erzählte, der Stolz der Hasmonäerin habe Herodes rasend gemacht. Im achten Jahr ihrer Ehe ließ er sie öffentlich hinrichten. Aber besiegt hatte er sie nicht. Der Tod war ihr Freund, denn er ersparte ihr, die Hinrichtung ihrer beiden Söhne ertragen zu müssen[6].

Kypros kannte die Lebensgeschichte vieler Herodianerinnen. Die Kinder und Kindeskinder von Herodes und seinen Frauen – Doris, Mariamme I., Mariamme II., Malthake und Kleopatra – hatten sich miteinander vermählt, wieder Kinder gezeugt und geboren, so daß aus allen eine einzige mächtige Familie geworden war[7]. »Weißt du noch«, fragte Berenike, »wie oft sie uns die Geschichte von Herodias und Salome erzählte?«

Herodias war eine Enkeltochter von Mariamme I., die 29 v. Chr. von ihrem Gatten Herodes hingerichtet worden war. Sie war die Tochter von Aristobul, der 7 v. Chr. von seinem Vater Herodes hingerichtet wurde. Zweimal war sie mit einem Herodessohn verheiratet. Ihr erster Ehemann, Herodes von Rom oder Herodes ohne Land, der Sohn von Mariamme II. und Herodes dem Großen, war der Vater ihrer Tochter Salome. So war Herodes der Große sowohl der Großvater von Herodias als auch von Salome gewesen.

Als Herodias ihren ersten Gatten, Herodes ohne Land, verließ und sich nach Tiberias an den Fürstenhof ihres Onkels Herodes Antipas begab, überreichte Herodes Antipas seiner Gattin, Prinzessin Saudet, den Scheidebrief, schickte sie nach Petra zurück und heiratete sie, die seine Nichte war[8]. Herodias, die in Rom herangewachsen war und dort gelebt hatte, war eine glühende Bewunderin der römischen Lebensart. Sie sorgte dafür, daß in ihrer Residenzstadt Tiberias bald eine freizügige, freigeistige Atmosphäre einzog, wie sie typisch war für die hellenistische Zeit.

Ihr größter Widersacher und Gegner war der Täufer gewesen, der »Fanatiker«, der »Versager«, wie sie ihn nannte. Er hatte sich angemaßt, die Dame Herodias öffentlich zu kritisieren! Er wiegelte das Volk auf gegen Herodes Antipas und sie, während sie sich mit allen ihr zur Verfügung stehenden Mitteln darum bemühte, ihrem Gatten zur Königswürde zu verhelfen! Der Täufer war wie besessen gewesen von dem Wunsch, sie zu beseitigen. Sie sagte, er habe sich sein Ende selbst zuzuschreiben.

Sooft Berenike und Drusilla ihre Mutter gefragt hatten: »War Salome schuldig oder unschuldig am Tod des Täufers?«, antwortete Kypros zögernd: »Wer weiß...« und erzählte, daß Salome ausdrucksvoller getanzt habe als jede andere Bauchtänzerin am Hof von Tiberias. Ihr war nur bekannt, daß Salome nach jenem schrecklichen Geburtstag ihres Stiefvaters im Jahr 29, nach dem Ende des Täufers, eilig mit ihrem Onkel Herodes Philippus verheiratet worden war und daß für sie ein neues Leben in seiner Residenzstadt Caesarea Philippi an den Jordanquellen begonnen hatte[9].

Nachdem Herodes Antipas auf kaiserlichen Befehl Tiberias verlassen mußte und nach Gallien verbannt worden war, ernannte Kaiser Claudius seinen Freund Agrippa I., Herodias Bruder, zum Großkönig von Palästina[10]. Seine Regierungszeit war von den zunehmenden antirömischen Feindseligkeiten gekennzeichnet. Dazu kamen die Auseinandersetzungen der Juden mit den Christen. Kypros sagte: »Euer Vater hat richtig entschieden, als er Petrus verhaften und Jakobus am Passa 44 hinrichten ließ. Die Urteile waren notwendige Entgegenkommen an die Juden und ihre Hohenpriester.«

Die Schwestern erinnerten sich, daß sich die königliche Familie bald darauf nach Caesarea begeben hatte. Ihr Vater ließ dort Schaukämpfe im römischen Stil aufführen und Pferderennen veranstalten. Am Ende der Festwoche hatte er sich in seine Prunkgewänder gekleidet und war feierlich in das Stadion eingezogen. Von der Königsloge aus hielt er eine große Rede an sein Volk. Als daraufhin die Fanfaren ertönten und alle begeistert schrien: »Die Stimme eines Gottes, nicht eines Menschen!«, war der König plötzlich zusammengebrochen und bald darauf in Caesarea am Meer gestorben.

Seine Töchter Drusilla und Berenike waren noch einmal nach Caesarea zurückgekehrt. In ihren römischen Gewändern saßen sie in der Königsloge, gedachten ihrer Eltern und träumten von vergangenen Zeiten.

Nachdem sie lange schweigend auf das Meer hinausgesehen hatten, sagte Berenike: »Ich möchte wohl wissen, ob es wahr ist, daß Marcus Antonius Felix dich mit Hilfe des Magiers Simon aus Zypern deinem Gatten, dem ehrwürdigen König Azizos von Emesa, abspenstig machte oder nicht?«[11] Drusilla lächelte. »Manchmal scheint es nicht mit rechten Dingen zuzugehen, wenn sich Herzenswünsche erfüllen«, gab sie zu. Berenike seufzte: »Ach, hätte doch Simon, der Magier, auch das Herz meines Geliebten verzaubert!«

Drusilla, die Herodianerin, und Felix, der römische Statthalter von Judäa, hatten geheiratet und die Residenz in Caesarea am Meer bezogen. Felix war ein ehemaliger Sklave, den Agrippina, die Gattin von Kaiser Claudius, freigekauft hatte. Tacitus behauptete, Felix habe »mit aller Grausamkeit und Lüsternheit königliches Recht in sklavischer Sinnesart gehandhabt«[12]. Aber die Geschichte kennt schrecklichere Dinge als die, die der Statthalter Felix begangen hat.

In Caesarea lernten Drusilla und Felix den Christen Paulus kennen. Mehrere Jahre lang hatten sie Gelegenheit, miteinander zu reden. Wie jung Drusilla damals noch war! Als Felix 60 n. Chr. nach Rom zurückgerufen würde, war sie erst zweiundzwanzig Jahre alt.

Kurze Zeit später wurde auch der Gefangene Paulus nach Rom gebracht. Dort lebte er mehrere Jahre in einer Mietwohnung und empfing alle, die zu ihm kamen. Unter seinen Gästen könnte auch die Dame Drusilla gewesen sein.

Drusilla in Italien... Darüber ließe sich viel erzählen. Angefangen vom Brand Roms und der anschließenden Christenverfolgung, der wahrscheinlich auch Paulus zum Opfer fiel, über das traurige Ende der Poppea Sabina, der «schönsten Frau ihrer Zeit«, wie Tacitus behauptete; über den Selbstmord Neros und die Wirren der Thronfolge. Drusilla hat unglaublich viel erlebt in den Jahren, die sie in Italien verbrachte. Sie starb am 24. August 79, gemeinsam mit ihrem Sohn Agrippa, in Pompeji. Sie war einundvierzig Jahre alt, als der Vesuv ausbrach und Pompeji und Herculaneum im Aschenregen versanken[13].

Berenike, ihre Schwester, war Paulus ebenfalls in Caesarea begegnet, als sie und ihr Bruder, Agrippa II., den Statthalter Festus, Felix' Nachfolger, mit ihrem Besuch beehrten. Damals nahm Berenike, Witwe des Königs Herodes von Chalkis, die Repräsentationspflichten an der Seite ihres unverheirateten Bruders wahr.

Von dem Glanz, den Berenike, die junge Königin, um sich zu verbreiten verstand, berichtet die Apostelgeschichte.

Das königliche Paar zeigte sich beeindruckt von dem inhaftierten Christen Paulus, jenem eigenartigen Menschen, dem leider nicht zu helfen war, weil er darauf bestanden hatte, vor das Gericht des Kaisers Nero gestellt zu werden.

Damals, als sie Festus in Caesarea besuchten, war König Agrippa II. dreiunddreißig und seine Schwester Berenike zweiunddreißig Jahre alt[14]. Die Leute tuschelten über sie beide, weil sie wie ein Ehepaar aufzutreten pflegten. Aber sie kümmerte das Gerede der Leute selbstverständlich nicht.

Königin Berenike war eine bemerkenswerte Frau. 66 n. Chr. hatte sie den Aufstand ihrer Glaubensgenossen zu verhindern versucht, weil sie die katastrophalen Folgen des jüdischen Krieges voraussah. Aber ihre Warnungen wurden entweder überhört oder als römische Propaganda mißdeutet[15].

Als Titus im Jahr darauf in Judäa eintraf, begann die weltberühmte Liebesgeschichte zwischen dem römischen Feldherrn und späteren Kaiser und der jüdischen Königin.

Nachdem Jerusalem im Jahr 70 und Massada 73 n. Chr. gefallen waren, begaben sich Berenike und ihr Bruder Agrippa nach Rom. Berenike lebte dort mit Titus zusammen im königlichen Palast. Auch in der Öffentlichkeit verhielt sie sich wie die rechtmäßige Frau des Thronfolgers.

Aber ihre Gegner schliefen nicht. Zwar ließ Titus

ihre ärgsten Feinde beseitigen; aber schließlich mußte er doch dem Drängen der Öffentlichkeit nachgeben. Als er 79 n. Chr. die Nachfolge seines Vaters, des Kaisers Vespasian, antrat, gab er den Gedanken an eine Heirat auf. Zwar hatte Berenike oft genug unter Beweis gestellt, daß sie auf der Seite der Römer stand; aber der allgemeine Judenhaß war zu groß, als daß der Kaiser von Rom es hätte wagen können, eine jüdische Königin zu heiraten. So trennten sie sich schweren Herzens voneinander, und Berenike kehrte nach Jerusalem zurück[16].

Titus war nur zwei Jahre Kaiser von Rom. 81 n. Chr. starb er im Alter von einundvierzig Jahren, wahrscheinlich an Gift. Sterbend sagte er, es gäbe keine Handlung, die zu bedauern er Grund habe, außer einer einzigen. Niemand weiß, was er damit gemeint hat. Die Historiker vermuten, seine Äußerung habe sich auf seinen Bruder Domitian bezogen, der sein Nachfolger wurde. Ich glaube, er dachte an Berenike, als er starb, und bedauerte, daß er sich von ihr getrennt hatte[17].

Es war still geworden in der Arena. Trockener Sand wehte über die Bühne. Ich sah mich nach allen Seiten um; aber es war niemand mehr da. Auch die Königsloge war leer. Da stand ich auf und verließ das römische Stadion. Vor den Toren blühten lila Blumen im Sand. Mittagsblumen.

Manches hat mich bewegt in Caesarea am Meer: der Wind, die Gedanken, die Worte, die Menschen. Bedrückt hat mich der Anblick der großen geköpften Figuren aus Stein, rechts und links vor dem Eingang einer antiken Ruine. Es waren ein Mann und eine Frau in römischen Gewändern.

In einem Palast wie diesem, der zufällig bei Landarbeiten entdeckt und dessen Grundmauern wieder ausgegraben wurden, könnten sie gewohnt haben: Berenike, Drusilla und all die anderen Frauen aus dem Geschlecht der Herodianer, deren Namen unvergessen sind, deren eigene Geschichte aber kaum jemand kennt.

Alt Akko

Frauen in Akko

Um die Mittagszeit erreichten wir Akko. Die 3500jährige Geschichte dieser Stadt ist eine verwirrende Folge von Zerstörung und Wiederaufbau, von Sieg und Niederlage, von Belagerung und Verteidigung. Wir stiegen in die Kreuzritterzitadelle hinunter und erfuhren dort unter der Erde, daß Akko, die uralte Handelsstadt am Mittelmeer, von den Phöniziern gegründet wurde und zur Zeit der Urmütter Sara, Milka und Rebekka eine kanaanäische Hafenstadt gewesen ist. Nach der sogenannten Landnahme war sie die südlichste Stadt im Gebiet des Stammes Ascher. Vor zweitausend Jahren gab ihr der ägyptische Pharao seinen eigenen Namen und nannte sie Ptolemais. Im 12. Jahrhundert, zur Zeit der Kreuzritter, hieß sie Saint-Jean-d'Acre.

Wir hörten, daß viele Mächtige dieser Erde in Akko gewesen sind: König Salomo, Thutmosis III., Ptolemäus, Antiochus, der Geschichtsschreiber Plinius, Herodes der Große, Paulus, Julius Caesar, der Kreuzritterkönig Balduin von Jerusalem, Richard Löwenherz, der Feldherr Salah-ed-Din, der Beduinenscheich Daher el-Omar, der albanische Abenteurer Achmed el-Jazzar, und beinahe wäre es auch Napoleon gelungen, die Stadt zu erobern [18].

Nachdem wir uns lange genug unter der Erde aufgehalten hatten, gelangten wir durch einen niedrigen unterirdischen Gang wieder ins Freie. In den Gassen und Häusern nahm uns die Gegenwart auf. Gerüche, Geräusche, Bilder zum Sattsehen. Mauersegler zischten über unsere Köpfe hinweg, Kinder tobten herum, Katzen schlichen über das alte Pflaster, gerupfte Hühner wurden zum Verkauf in die Fenster gehängt, Blumen blühten auf Mauervorsprüngen und Dächern, und alles war eingetaucht in das helle Mittagslicht eines Apriltages.

Aber diese Momentaufnahme einer bunten orientalischen Vielfalt kann nicht über die Stimmung hinwegtäuschen, die die Besucher in Akko befällt, die sich ein wenig Zeit nehmen und genauer hinsehen. Die Gegenwart paart sich dort öffentlich und vor aller Augen mit der Vergangenheit. Selbst am hellichten Tag sikkert aus allen Ecken und Winkeln und Mauerritzen Unheil. Ob unter der Erde oder unter dem Himmel, überall tauchen die Schatten der Erinnerung auf. Die Geschichte Akkos ist noch nicht zu Ende geschrieben.

Ich setzte mich auf einen großen Stein unter einen Feigenbaum und machte mir meine eigenen Gedanken über diese Stadt. Ich hatte eine stattliche Anzahl Männernamen gehört, der Kopf schwirrte mir von Eroberungs- und Verteidigungsgeschichten. Gab es denn keine Frauen in Akko? Waren sie nicht der Rede wert? Ich versuchte, mich ihrer Geschichte zu erinnern.

Einmal wurde in diesem Land die große Aschera verehrt, die Hauptgöttin der Phönizier. Sie war die Himmelskönigin und zugleich die Muttergottin, die Verkörperung der fruchtbaren Erde. Ihr himmlischer Thron waren die Sterne, ihr irdischer Thron die Bäume. Der Mond und der Apfelbaum waren ihre Heiligtümer. Die Himmelskönigin segnete die Erde, und Jahr für Jahr wurde sie schwanger und brachte lebendiges Grün, Tiere und Menschen hervor. Die Frauen backten ihr sternförmige Opferkuchen. Und alle, Männer und Frauen, verehrten sie in den ihr geweihten Bäumen oder den Kultpfählen als Baumersatz, die sie Ascheren nannten[19].

Das Land der Aschera war reich, und friedfertig lebten die Menschen unter ihrem Schutz. Sie war die große Mutter des Lebens. Die Menschen kamen und gingen wie auch die Monde und Jahreszeiten, aber die Göttin wachte beständig über sie alle.

In ihrem Hoheitsgebiet vermischten sich die kanaanäischen Siedler mit den Phöniziern, und die semitischen Wanderhirten verbanden sich mit den seßhaften Kanaanitern. Die Töchter Kanaans wurden die Frauen der israelitischen Einwanderer, und die Töchter der Israeliten wurden die Frauen der Kanaaniter (Ri 4,1). Sie feierten ihre Hochzeiten und ehrten die Göttin, die ihre Bündnisse segnete.

Als Ascher, der Sohn von Jakob und Silpa, Leas Magd, einst in das Gebiet der Aschera einwanderte, wurde Akko die Hauptstadt seines Stammes[20]. Ascher kam nicht als Eroberer und Zerstörer. Er kämpfte und tötete nicht, um sich das Land untertan zu machen. Ascher vermählte sich mit dem Land. Kein Prophet hinderte ihn, die Heilige Hochzeit nach altem Brauch zu feiern.

In der Bibel wird das so beschrieben: »Ascher konnte die Einwohner von Akko nicht vertreiben. Darum lebten die Ascheriter mitten unter den Kanaanitern, die in der Gegend wohnen blieben, weil man sie nicht vertreiben konnte« (Ri 1,31 ff.). Vielleicht konnten es sich die Schreiber dieses Textes nicht vorstellen, daß Ascher es gar nicht nötig hatte, die Einwohner zu vertreiben? Debora, die Richterin, notierte: »Ascher sitzt am Ufer des Meeres, bleibt ruhig in seinen Buchten« (Ri 5,17).

Ich sah mich um in Akko und in der Geschichte dieser Stadt und erinnerte mich der Ruhe, die Aschera, die Göttin, und Ascher, der Landesvater, hier einmal verbreiteten. Wie tief müßten die Archäologen graben, um jene Zeiten ans Licht zu holen, in denen hier die Vernunft regierte und nicht die Gewalt!

Wenn der Prophet auch sagt: »Weint nicht in Akko!« (Mi 1,10), so haben sie doch geweint; denn ihre Kultheiligtümer wurden zerschlagen und ihre Ascheren verbrannt. Die Hochzeiten der Könige sicherten nicht länger die Fruchtbarkeit der Erde und das Wohlergehen des Volkes. Ihre Ehebündnisse stärkten nur noch ihre politische Macht und vermehrten ihren Besitz. Und wie die Königinnen zu Objekten patriarchaler Prachtentfaltung wurden, so vermehrte jede andere Frau das Ansehen und den persönlichen Besitz ihres Ehemannes durch die Geburt seiner Söhne. Weint in Akko; denn die Frau, dieses freie Geschöpf, wurde die Beute und Freude des Jägers.

Weint in Akko und hört die Stimme des Allmächtigen in Jerusalem, ihr einstmals friedlichen Stellvertreterinnen der Großen Göttin auf Erden: »Ich gebe dir Hörner aus Eisen und mache dir bronzene Hufe, Tochter Zion, damit du die Völker zermalmst und ihren Besitz dem Herrn weihst, ihren Reichtum dem Herrn der ganzen Erde. Jetzt ritze dich wund, Tochter der Trauer« (Mi 4,13 ff.)

In Akko befindet sich neben dem »Khan der Säulen«, einer ehemaligen Karawanserei, der Khan el-'Franj, ein Franziskanerkloster, das auf den Ruinen des ehemaligen Klarissenklosters erbaut worden ist. Damals, im Jahr 1291, als die Mamelukken die Stadt belagerten und die Kreuzritter ihnen unterlagen, haben sich die Nonnen der heiligen Klara in Akko ihre Gesichter zerschnitten. Sie hofften, dadurch der Vergewaltigung durch die Sieger zu entgehen[21]. »Jetzt ritze dich wund, Tochter der Trauer!«

Ach, diese hilflose Verzweiflungstat der Frauen von Akko! Warum zerschnitten sie sich ihre eigenen Gesichter und nicht die ihrer Feinde? Ach, Schwestern, wann endlich lernen wir zu siegen? Warum sagen wir nicht wie König David: »Ich verfolge meine Feinde und hole sie ein, ich kehre nicht um, bis sie vernichtet sind!« (Ps 18,38)?

Und wenn wir schon nicht zum Kämpfen bereit sind, wann hören wir dann endlich auf, den Verletzungen, die uns angetan werden, auch noch die Schmerzen der Selbstverstümmelung hinzuzufügen? Eure Wunden, ihr frommen Frauen, haben uns nicht geheilt. Wer erinnert sich denn der Klarissinnen von Akko? Ihre tragische Geschichte ist nichts weiter als ein Kapitelchen der ungeschriebenen Geschichte der Frauenklöster.

Zahllos sind die Namen der Herren von Akko. Aber die Namen der Frauen wurden vergessen. Nur gelegentlich taucht ein Frauenname auf, der aufhorchen läßt. Im Makkabäerbuch ist im Zusammenhang mit Akko der Name Kleopatra überliefert. Auf dem Hintergrund des Schicksals dieser Königin – sie ist eine von siebzehn historischen Frauen gleichen Namens – mag die Geschichte anderer Frauen in Akko deutlich werden[22].

Im Jahr 162 v. Chr., zu der Zeit, als Akko Ptolemais hieß, schickte Alexander Balas Gesandte zu Ptolemäus, dem König von Ägypten, und ließ ihm folgendes ausrichten: »Ich bin in mein Reich zurückgekehrt, habe mich auf den Thron meiner Väter gesetzt und die Herrschaft angetreten. Ich habe Demetrius besiegt und unser Land in meine Gewalt gebracht. Ich habe mit ihm gekämpft; er wurde mit seinem Herr von uns vernichtend geschlagen. So haben wir uns auf den Thron seines Reiches gesetzt. Laß uns nun miteinander Freundschaft schließen. Gib mir deine Tochter zur Frau, damit wir uns durch diese Heirat miteinander verschwägern. Ich werde dir und ihr Geschenke machen, die deiner würdig sind« (1 Makk 10,51 ff.)

König Ptolemäus ließ ihm antworten: »Welch glücklicher Tag, an dem du in das Land deiner Väter zurückgekehrt bist und dich auf den Thron des Reiches gesetzt hast. Ich will auf deinen Vorschlag eingehen. Doch komm mir bis Ptolemais entgegen, damit wir uns kennenlernen. Dann werde ich mich mit dir verschwägern, wie du geschrieben hast.«

Daraufhin verließen Ptolemäus und seine Tochter Kleopatra Ägypten und begaben sich nach Ptolemais. Alexander und Kleopatra wurden ein Paar. Ihre Hochzeit wurde ein glänzendes Fest, »wie es bei Königen üblich ist« (1 Makk 10,51 ff.).

Die Armut und der Verfall der gegenwärtigen Stadt verdecken dieses glänzende Bild. Es fällt schwer, sich die Farbenpracht, den zur Schau gestellten Luxus, den lauten Jubel des Volkes und die festliche Musik vorzustellen. Aber ob wir es uns vorstellen können oder nicht, sie haben gefeiert in Akko.

Doch Alexander Balas, der Emporkömmling, der nicht in Purpur geboren war, erlebte in Akko nicht nur seinen größten Triumph, als er Kleopatra zur Frau nahm, sondern wenige Jahre später auch seine schwerste Niederlage. Es dauerte nicht lange, bis sein Schwiegervater sein Feind und politischer Gegner wurde.

Denn Ptolemäus, Kleopatras Vater, ließ König Demetrius, dem Todfeind seines Schwiegersohnes, mitteilen: »Wir wollen einen Bund miteinander schließen. Ich will dir meine Tochter geben, die Alexander jetzt zur Frau hat. Du sollst im Reich deines Vaters herrschen.« Er nahm Alexander seine Tochter weg und gab sie Demetrius zur Frau (1 Makk 11,8 ff.). Demetrius wurde König über Akko.

Was gäbe ich darum, wenn ich wüßte, wie Kleopatra sich bei diesem Intrigenspiel um die Macht verhalten hat! Was mag in einer Frau vorgegangen sein, die gezwungen wurde, den Gegner ihres Mannes, des Vaters ihrer Kinder, zu heiraten? Ihren Sohn Antiochus ließ sie vor ihrem neuen Gatten in Sicherheit bringen. Er wuchs auf dem Anwesen einer einfachen Familie außerhalb des Palastbezirkes auf. Aber sie konnte es nicht verhindern, daß dieses Kind ebenfalls ein Opfer der Macht wurde.

Ihr Sohn Antiochus war schon im Alter von fünf Jahren heimlich zum König erklärt worden, als Kleopatra die Frau des Demetrius wurde. In seinem Namen handelten der Hohepriester Jonatan und der Heerführer Tryphon, um Demetrius zu stürzen. Kleopatra, die Mutter des Kindkönigs und die Frau des regierenden Königs, befand sich zwischen den Blöcken der Gegner. Sie hatte keine Verbündeten. Und die sie dafür hielt, waren es nicht. Der Heerführer Tryphon ermordete schließlich ihren Sohn Antiochus und setzte sich selbst dessen Krone auf (1 Makk 13,31). Unglückliche Kleopatra!

In Akko habe ich ihre Spuren nicht entdecken können. Ihr Name wurde ebensowenig erwähnt wie ihre tragische Geschichte. Als ich sie später nachzulesen versuchte, fand ich sie immer noch nicht. Das Leben der Frauen hat nicht einmal dort Spuren hinterlassen, wo sie gelebt, geliebt und gelitten haben, wieviel weniger dann in den Werken der Historiker.

Erinnerst du dich wirklich nicht ihrer glanzvollen Hochzeit, Akko? Hast du den Klang ihrer Schritte vergessen? Und ihre Stimme, ihr Lachen, ihre Klagen, gelten sie denn so viel weniger als die übereinandergeschichteten Steine in deinen Mauern? Habt ihr sie wirklich vergessen, ihr Frauen von Akko?

Oberes Galiläa

Eine Frau wird geboren

Bibeltexte siehe Seite 193

Bis 600 n. Chr. war das galiläische Hochland reich besiedelt und dicht bewaldet. Aber wir fuhren Kilometer um Kilometer durch eine baumlose und nahezu menschenleere Landschaft. Die kahlen Hänge waren mit weißen Steinbrocken übersät, wie Schafe sahen sie aus. Dazwischen weideten vereinzelt schwarze Ziegen.

Auf der linken Straßenseite gab es nur Steine und die ewig hungrigen Ziegen. Rechts war alles aufgeräumt. In großen Plantagen wuchsen dort Obstbäume in Reih und Glied. Auf dieser Seite trug die jüdische Pionierarbeit Früchte. Links der Straße war das Gebiet der moslemischen und christlichen Araber und der Drusen. Die Unterschiede zwischen der einen und der anderen Straßenseite waren nicht zu übersehen.

Wir fuhren an ein paar uralten Olivenbäumen vorbei. Sie kamen mir vor wie die Überreste einer längst vergangenen Zeit. Rissig, ausgedörrt, verwittert, wie versteinert, gebückt, schicksalsträchtig wachsen sie der Erde entgegen. Wie alte Menschen. Niemand ist älter als sie, wenn es stimmt, was man über sie erzählt. Nur die Steine, die dort herumliegen, sind älter. Und die Erde, die sie alle geboren hat.

Bei diesen uralten Bäumen im Oberen Galiläa, nahe der Grenze zum Libanon, nahe dem Himmel, dort in der weiten Verlassenheit, erinnerte ich mich an eine Frau, die vielleicht unter diesen Bäumen mit Jesus geredet hatte.

An einem Apriltag, als das große Frühlingsfest vorbereitet wurde, als sie damit beschäftigt war, die Dekken zusammenzulegen, die sie zum Lüften ausgebreitet hatte, fragte ihre Nachbarin sie, ob sie den Juden gesehen habe. Sie sagte: »Es gibt viele Juden, die ich gesehen habe. Von welchem ist jetzt die Rede?«

»Hast du nicht gehört, was sich die Leute erzählen?« fragte die Nachbarin, »gerade sind sie an deinem Haus vorübergekommen, und du hast sie nicht gesehen? Vielleicht hätte er deine Tochter heilen können?«

Sie begann sich für das Gerede der Nachbarin zu interessieren. »Wer ging an meinem Haus vorüber?« fragte sie. Und weil die Nachbarin nicht gleich antwortete, bat sie: »Tu mir den Gefallen und sag, was du weißt.«

»Ja, wäre es denn möglich, du hättest nicht von dem Juden gehört, von dem sie sagen, Wunder ereigneten sich, wo immer er sei?« fragte die Nachbarin erstaunt, »daß er auf dem Wasser des Galiläischen Meeres dahinspaziert ist, hast du auch nicht gehört? Und daß die Menschen gesund werden, sobald sie seine Kleider berühren? Dieser gottgesegnete Mann ist vor weniger als einer Stunde durch das Dorf gegangen, und du weißt es nicht einmal?«

Die Frau stand da, als habe sich die Erde unter ihren Füßen bewegt. »In welche Richtung ist er gegangen?« fragte sie. »Hinunter zum See«, sagte die Nachbarin und fügte hinzu: »Man könnte ihn noch einholen. Er ging gemächlich mit einigen Frauen und Männern die Straße entlang. Sie haben Käse und Feigen beim Händler gekauft. Wahrscheinlich rasten sie im Olivenhain.«

Die Frau überlegte nicht lange. Von solch einer Gelegenheit hatte sie oft geträumt, die konnte sie sich nicht entgehen lassen. Sie brachte die Decken ins Haus, schlang sich ihr frischgewaschenes weißes Tuch um den Kopf und machte sich unverzüglich auf den Weg.

Warm war es heute. Die Kleider klebten ihr am Leib, und ihr Herz klopfte zum Zerspringen. Atemlos hastete sie den Fremden nach. Als sie sich ihnen endlich näherte, rief sie: »He! Hallo!« Die Wanderer sahen sich um. Einige blieben stehen, andere gingen langsam weiter. »Erbarmen, Adoni, Erbarmen!« schrie sie. Einer sagte verdrießlich: »Hat man denn nirgends Ruhe vor diesen unverschämten Leuten?« und sah ihr finster entgegen. »Meine Tochter, Adoni, wird von einem bösen Dämon gequält«, stieß sie atemlos hervor, als sie die Wandernden eingeholt hatte.

»Ich bin nicht der Meister, gute Frau«, sagte der, an den sie sich gewandt hatte, und verwies sie an Jesus, der weitergegangen war.

Sie ging zu ihm und zupfte ihn am Ärmel. Er drehte sich um und sah sie an. Als sie in seine Augen sah, erkannte sie in ihm, diesem wandernden Prediger, den Gesalbten Gottes. »Kyrie«, schrie sie, »erbarme dich meiner! Meine Tochter wird von einem Dämon gequält!« Aber Jesus ging nicht auf ihre Klagen ein.

Da stieß sie einen dieser Klagetriller aus, die einem kalte Schauer über den Rücken jagen. Später wußte sie nicht zu sagen, warum sie geschrien hatte wie ein Klageweib. Mag sein, daß ihr das Elend ihres Kindes zu Kopf gestiegen war, mag sein, daß die plötzliche Erkenntnis ihrer eigenen Qualen ihn ausgelöst hatte. Sie schrie und wußte nicht warum; aber Jesus ging weiter, ohne sich um sie zu kümmern.

Der, den sie zuerst angeredet hatte, stellte sich ihm in den Weg. »Rabbi«, sagte er, »befreie sie doch von ihrer Sorge! Hörst du denn nicht, wie sie schreit? Wir werden sie nicht wieder los, wenn du nichts unternimmst! Hilf ihr doch, damit wir in Ruhe weitergehen können.«

»Das hat nichts damit zu tun, ob ich will oder nicht«, antwortete Jesus. »Sie ist eine Heidin. Ich heile grundsätzlich keine Fremden. Ich bin nur für die verlorenen Schafe Israels verantwortlich.« Sie hatte seine Worte gehört. »Hilf mir trotzdem, du Gesalbter!« schrie sie.

»Es ist nicht recht, das Brot den Kindern wegzunehmen und den Hunden vorzuwerfen«, erwiderte Jesus ungerührt. Sie zuckte zusammen. Seine harten Worte trafen sie wie Peitschenhiebe. Schlagartig wurde ihr bewußt, daß sie wirklich um Gnade gewinselt hatte wie eine Hündin. Sie richtete sich auf, zog ihr Tuch zurecht und sagte leise, aber deutlich mit fester Stimme: »Ja, du Gesalbter Gottes, so ist es. Aber selbst die Hunde bekommen die Brotreste, die vom Tisch ihrer Herren fallen.«

Da blieb Jesus stehen und sah sie aufmerksam an. Die Männer und Frauen starrten sie beide an. Niemand mischte sich ein. Sie schlug die Augen nicht nieder, sondern sah ihm ins Gesicht. Nach einigen Augenblicken, die den anderen viel länger vorkamen, als sie wirklich gewesen sein konnten, verneigte sich Jesus vor ihr und sagte: »Frau, dein Glaube ist sehr stark. Dein Wille geschehe.« Sie erwiderte nichts, verneigte sich aber stumm vor ihm, wandte sich um und begann langsam den Weg zurückzugehen.

Es war der gleiche Weg, den sie gekommen war; aber alles schien sich verändert zu haben. Sie ließ sich Zeit. Sie blieb stehen und sah einem Schmetterling zu, der sich auf einem blühenden Mimosenzweig niederließ. »Wie eine Raupe«, dachte sie, »wie eine Puppe, wie in einem Kokon habe ich gelebt. Ja, ich habe die Kraft gespührt, lange bevor ich meine Flügel bewegen konnte. Ich fühlte, daß ich gar nicht so klein, so hilflos, so demütig war, wie ich mich gab. Ich habe die Rolle nicht schlecht gespielt, die man von mir erwartete. Ich habe geschrien und gejammert nach Frauenart, nach Kinderart. Ich habe mich gedemütigt vor dem Mann und mich vor ihm auf die Erde geworfen. Wie eine Hündin habe ich mich benommen, gewinselt und um Gnade gefleht. Nicht für mich, nein, nicht für mich. Ich habe für mein Kind gefleht, wie es sich für eine Frau, die eine Mutter ist, gehört.«

Aber dann, was geschah dann? Was hat die Hülle zerrissen, die dich gefangengehalten hat? Wie kam es, daß aus dir, der Unbedeutenden, der Sklavin, der Dienerin, der ganz und gar abhängigen Frau, plötzlich ein gleichberechtigter Mensch wurde, eine Partnerin? Erinnere dich! Was ist geschehen?

Der Gesalbte hatte es abgelehnt, sich auf ihre Selbsterniedrigung einzulassen. Er behandelte sie so, wie sie sich selbst verhalten hatte. Er hielt ihr einen Spiegel vor, und sie hatte sich darin erkannt. Sie hatte ihn verstanden, als er sagte: »Du benimmst dich wie eine bettelnde Hündin, also behandle ich dich auch wie eine bettelnde Hündin. Du bekommst einen Fußtritt und bist still.« Sie hatte sich im Spiegel seiner Augen gesehen.

Plötzlich war etwas in ihr entzweigerissen, und sie hatte erkannt, daß sie ein heiler, gesunder Mensch war mit einem gesunden Menschenverstand, sich aber verhalten hatte, als wäre sie ein winselndes Tier. Im Bruchteil eines Augenblickes wurde ihr bewußt, daß sie das Recht hatte, sich wie ein Mensch zu verhalten und wie eine Erwachsene zu handeln. Als wäre sie blind gewesen und könnte nun alle Widerstände erkennen, so sicher fand sie sich plötzlich zurecht.

Der Rabbi war ihr keinen einzigen Schritt entgegengekommen. Er hatte ihr nicht geholfen. Wahrhaftig, er hatte es ihr nicht leichtgemacht! Es war ein harter Kampf und ein schwer errungener Sieg. Es war ihr Kampf, und es wäre ihre Niederlage gewesen. Aber nun war es ihr Sieg geworden. »Dein Glaube ist sehr stark, Frau!« hatte er gesagt. »Was du willst, wird geschehen.«

Seine Worte waren der Sonnenstrahl, der auf die Flügel eines soeben geschlüpften Schmetterlings fiel. Nun konnte sie fliegen. Das Unverständnis der Leute im Dorf, ihre Mißgunst und ihr Gerede würden ihr nichts anhaben können. Die mißbilligenden Blicke würde sie tragen, wie ein Schmetterling den morgendlichen Tau erträgt. Eine Frau war geboren, eine Herrin ihrer selbst. Das hündische Verhalten, das ihr nichts als Verachtung eingebracht hatte, hatte sie abgelegt. Sie würde es nicht an ihre Tochter weitergeben. Der Dämon war besiegt. Ihre Tochter würde das Leben einer Freien führen.

Auf der Straße im Oberen Galiläa begegneten uns hin und wieder auch Frauen. Verheiratete Frauen waren an ihren langen weißen Tüchern zu erkennen.

Dort oben in den Drusendörfern werden die alten Sitten noch besonders streng befolgt. In jedem Ort gibt es zehn oder zwölf Ukahs, die Dorfpriester. Sie allein kennen sich in den geheimen Lehren ihrer Religion aus. Ihr Wissen geben sie an ihre Söhne weiter, keine Frau wird es je erfahren. Ihr Hauptprophet ist Jitro, der Vater von Zippora, der Frau des Mose. Drusen leben in den Bergen des nördlichen Israel, im Libanon und in Syrien.

Bei den uralten Bäumen im Norden Israels erinnerte ich mich an diese Frau, die Jesus um Hilfe bat und mehr bekam als eine vorübergehende Erleichterung. Unter Schmerzen wurde sie neu geboren. Mag sie in jener Gegend gewohnt haben oder nicht, sie lebt.

Caesarea Philippi

Salome

Bibeltext siehe Seite 194

Der Golan blühte. Die schwarze Vulkanerde war mit einem bunten Teppich bedeckt. Lila Distelköpfe, gelbe Butterblumen, roter Mohn, weißer Klee, Kälberkraut, Kümmel, Dill zwischen dem vielfältigen Grün der Zwergeichen, Eukalyptusbäume, Kiefern und all dem Gras. Die Tiere – Pferde, braune Wildesel, Schafe, Ziegen und Kühe – weideten hier wie zu alten Zeiten. Selten sahen wir Weidezäune. Hier und dort tauchten Hirten auf, meist waren es Drusen in ihrer typischen schwarz-weißen Tracht.

Der Golan ist von jeher die Fleischkammer des Landes gewesen. Die Kühe und Ziegen, die wir dort sahen, werden nicht zur Milcherzeugung gehalten. Zum Glück steht aber die Besichtigung der Schlachthöfe nicht auf dem Programm einer Pilgerreise.

Dunkle Wolken zogen vom schneebedeckten Hermongebirge über die weite Landschaft. Wir fröstelten im eisigen Wind. Dort an der syrischen Grenze war es ungemütlich. Überall sahen wir Panzer und schweres Geschütz. Einem einsamen Grenzposten statteten wir einen kurzen Besuch ab. Die Kibbuzim waren mit Stacheldraht umgeben, und nirgendwo gibt es mehr Bunker in den Wohnstraßen als in der neuerrichteten jüdischen Siedlung Qazrin.

Die Häuser in den Drusendörfern wirkten orientalisch mit ihren gitterverzierten Fenstern. Bergauf, bergab wand sich die Straße durch den Golan. Unter uns breitete sich das Huletal aus. Ein Raubvogel zog seine Kreise über den Ruinen einer alten Kreuzritterfestung, sie war fast nicht von den gewachsenen Steinen zu unterscheiden.

In Banyas besuchten wir eine der drei Jordanquellen. Über schmale Stege gelangten wir trockenen Fußes zur Höhle, in der der Jordan das Licht der Welt erblickt.

Rechts neben der Höhle befindet sich eine altertümliche Nische im rotbraunen Felsmassiv. Die griechischen Ornamente weisen sie als Überrest der hellenistischen Zeit aus. Dieser Ort, Paneas oder arabisch Banyas, war zur Zeit Jesu dem Hirtengott Pan geweiht und verdankt ihm seinen Namen. Wer ganz leise ist, hört sein glucksendes Lachen immer noch im Quellwasser des Jordan. Aber ich bin mir nicht sicher, ob der griechische Pan der erste und einzige Gott war, der hier verehrt wurde. Die Quelle, die Höhle, die Feigenbäume, die sich ins Wasser neigen – dieser Ort war wahrscheinlich der großen syrischen Muttergöttin geweiht, bevor Pan ihn besetzte.

Mich beschäftigte in Paneas etwas anderes als Mythologie. Ich dachte über eine Frau nach, die hier wirklich einmal gelebt hat, über die Herodianerin Salome. Zu ihrer Zeit hieß dieser Ort Caesarea Philippi. Ihr betagter Onkel und Ehemann Herodes Philippus hatte in Paneas seine Residenz erbauen lassen und lebte hier mit seiner Mutter Kleopatra. Salome kannte die Quellhöhle, die zu ihrer Zeit noch unversehrt und von keinem Erdbeben beschädigt worden war. Seit jenen schrecklichen Tagen, die der Hinrichtung des Täufers folgten, seitdem sie Jerusalem verlassen mußte und der gute Philippus sie zur Frau nahm, war sie vielleicht täglich hierhergekommen und hatte ihre Hände in das sprudelnde Wasser gehalten.

Eines Tages, als sie wieder einmal den Weg zur Quellgrotte einschlug, hörte sie Stimmen in der Nähe des Heiligtums. Wanderer schienen sich an der Quelle zu erfrischen. Das war nichts Ungewöhnliches. Sie würden sicher bald weitergehen. Sie lehnte sich an den Stamm eines Feigenbaumes und wartete. Die fremden Stimmen erweckten gute Erinnerungen in ihr. Aramäisch war die Sprache ihrer alten Kinderfrau gewesen. Unwillkürlich lauschte sie.

»Für wen halten mich die Leute?« hörte sie einen der Fremden fragen. »Sie halten dich für Johannes den Täufer«, erwiderte einer. Salome spürte, wie ihr der Schweiß ausbrach. »Nein«, widersprach ihm ein anderer, »sie halten dich für den Propheten Elija.« »Ich habe gehört, wie sie behaupteten: ›Er ist Jeremia‹«, sagte ein dritter. »Es ist doch egal, ob Elija oder Jeremia, jedenfalls halten sie dich für die Inkarnation eines unserer Propheten.«

Salome beugte sich ein wenig vor, um ihre Gesichter sehen zu können. Jetzt sah sie den Mann, über den sich anscheinend viele Menschen Gedanken machten. Er stocherte im Feuer herum, auf dem sie ihre Fladenbrote backten. »Und ihr?« fragte er, »für wen haltet ihr mich?« Zunächst sagten sie nichts; aber dann erklärte einer laut und bestimmt: »Du bist der Messias.«

Erschrocken fuhr Salome zusammen. Wie konnte der Mensch es wagen, solch eine ungeheuerliche Behauptung laut auszusprechen! Wußte er denn nichts von dem schrecklichen Judenpogrom in Jerusalem, von den Auseinandersetzungen auf dem Tempelberg? Jeder Jude, der sich öffentlich zu den aufrührerischen Widerständlern bekannte, war ein Todeskandidat! Wußte er denn nicht, daß es einen jüdischen Messias nicht geben durfte? Der Kaiser beherrschte die Welt und sonst niemand; und Herodes Antipas herrschte in Jerusalem und in ganz Judäa, der duldete keine Konkurrenz. Er wußte seine uneingeschränkte Macht über das jüdische Volk zu verteidigen, das hatte er oft genug bewiesen.

Sicher, hier in der Tetrarchie ihres gütigen Ehemannes Herodes Philippus konnte sie sich einigermaßen sicher fühlen. Aber solange ihr Stiefvater von Jerusalem aus alle jüdischen Freiheitskämpfer mit seinem mörderischen Haß verfolgte, waren sie doch nirgendwo sicher vor Verrat! Sie konnte es nicht fassen, daß die Leute solche Gedanken ungeschützt preisgaben. Die Quelle speist den Jordan, der durchzieht das ganze Land. Wußten sie denn nicht, wie rasch sich Geheimnisse verbreiten? Wie unvernünftig ist dieser Mann, dachte Salome entrüstet, daß er seinen Freund durch solch eine unbedachte Äußerung in Lebensgefahr bringt.

Anscheinend war aber nicht nur sie erschrocken; denn der, der als Messias bezeichnet wurde, sah sich rasch nach allen Seiten um und begann erregt auf seine Begleiter einzureden. Er beschwor sie geradezu, sehr vorsichtig mit ihren Äußerungen zu sein. »Mit niemandem«, sagte er, »hört ihr, mit keinem Menschen redet ihr über diese Angelegenheit! Habt ihr das verstanden?« Sie nickten ihm zu und versprachen zu schweigen.

Salome fragte sich, warum er sie mit seiner Frage überhaupt zu solch einer Antwort herausgefordert hatte. Das soll der langersehnte Erlöser der Juden sein? dachte sie. Nein, sagte sie sich, der Messias sieht anders aus als dieser Wanderer. Aber konnte man das wissen? Nachdenklich sah sie ihn an. Von alters her hatten sich die Götter unerkannt unter die Menschen gemischt, warum sollten sie es nicht wieder tun?

Als habe sie plötzlich jemand an die Hand genommen, verließ sie ihr Versteck am Feigenbaum und ging auf die Fremden zu. Die erhoben sich ehrerbietig vor der vornehmen jungen Dame und begrüßten sie höflich; aber es ließ sich nicht übersehen, daß sie sie erschrocken anstarrten.

»Ich habe zufällig mit angehört, was ihr besprochen habt«, sagte sie. »Ich werde euch nicht verraten. Aber ich wundere mich über eure Unvorsichtigkeit.« Sie sahen sich betreten an. Der, der als Messias bezeichnet worden war, sagte zu ihr: »Ich bin Jesus von Nazareth, und diese sind meine Freunde. Wir wohnen in Kapernaum am See. Es ist richtig, wir sind unvorsichtig gewesen. Aber es läßt sich nicht vermeiden, daß es sich herumspricht; denn jetzt ist die Zeit des Messias. Die Juden sehnen sich nach ihrem Erlöser.« Und zu seinen Begleitern gewandt, sagte er: »Aber sie machen sich falsche Hoffnungen, wenn sie glauben, daß er ihnen von Gott gesandt wird, um sie gegen die Römer zum Kampf zu führen und ihre verlorengegangene politische Macht wiederherzustellen. Der, den sie erwarten, wird nicht kommen.«

Salome war beeindruckt von diesem Mann. Anscheinend wußte er genau, was er wollte. »Ja, ich weiß, wie es kommen wird«, sagte er nachdenklich,

»sie werden den von Gott erwählten Retter nicht anerkennen. Sie werden ihn mundtot machen, weil er nicht in ihr politisches Konzept paßt, weil er sich nicht vor ihren Karren spannen läßt. Sie werden ihn umbringen, weil er sich ihren Ansprüchen entziehen wird, weil er ganz anders ist, als sie ihn sich vorgestellt haben.«

Seine Freunde sahen ihn erschrocken an. »Ja«, wiederholte er, »sie werden ihn ermorden, wie sie alle ermorden, die unbequem sind. Aber es wird ihnen nichts nützen. Glaubt mir, sie können mich nicht beseitigen; denn ich bin von Gott und bin lebendig von Ewigkeit zu Ewigkeit.«

Während er redete, dachte Salome: Mit ihm werden alle, Römer, Juden, Griechen und Araber, ihre liebe Not haben. Der weiß, was er will. Und er will etwas anderes als das, was sie von ihm erwarten. Zugleich zog sich ihr Herz in tiefem Mitgefühl zusammen; denn sie erkannte die Hoffnungslosigkeit seiner Lage. Niemand wird dir helfen, Jesus, du Mann aus Galiläa, dachte sie, du wirst zwar deinen Weg unbeirrt zu Ende gehen; aber werden sie dich jemals verstehen?

Sie sah, wie einer seiner Freunde – eben der, der zu ihm gesagt hatte: »Du bist der Messias!« – ihn auf die Seite zog und leise auf ihn einredete. Sie konnte nicht verstehen, was er sagte; aber seinen Gesten und seinem aufgeregten Geflüster nach widersprach er ihm entschieden. Schließlich schien dem Meister jedoch der Geduldsfaden zu reißen. »Ach, laß mich in Ruhe mit deinen Vorstellungen!« sagte er ärgerlich und ließ ihn stehen. Er ging bis an die Quelle, drehte sich dann um und sagte heftig: »Dir geht es ja gar nicht um den Willen Gottes, Simon. Du denkst nur an politische Veränderungen im Land und an die materiellen Bedürfnisse der Menschen. Nichts hast du verstanden. Laß mich doch in Ruhe mit deiner Besserwisserei!«

So, nun war es geschehen. Durch seine lauten, zornigen Worte waren ihre Hofdamen auf ihn und seine Begleiter aufmerksam geworden. Sie kamen herbeigeeilt und stellten sich schützend vor ihre Herrin. Sie beruhigte sie aber und stellte ihnen den fremden Rabbi und seine Freunde als ihre Gäste vor.

Obwohl sie ihn dadurch schützte, konnte sie seinen Zorn aber nicht nachvollziehen. Wußte er denn nicht, daß Leute wie er viele Gegner hatten, unter der römischen Besatzung ebenso wie unter seinen eigenen Landsleuten? Mußte er sich denn auch noch bei seinen Freunden unbeliebt machen? Wie konnte er erwarten, daß dieser Mensch, mit dem er sich soeben gestritten hatte, es ihm jemals verzeihen würde, daß er ihn als Satan bezeichnet hatte? Ja, sie hatte es genau gehört, daß er ihm dieses Schimpfwort zugezischt hatte, als er sich von ihm losriß. »Du Satan!« hatte er gesagt.

Salome überlegte, wie sie damit umgehen würde, wenn jemand zu ihr »Du Satan!« sagen würde. Einen Menschen einen Fuchs oder ein Schwein zu nennen war schon schlimm genug. Sie wunderte sich wirklich über den, der sich unwidersprochen als Messias bezeichnen ließ, aber auf Widerworte sehr ungehalten reagierte.

Sie sah, daß auch alle anderen ziemlich betreten herumstanden. Niemand sagte etwas; aber es war deutlich zu spüren, wie alle heftig mit ihren eigenen Gedanken beschäftigt waren. Einigen schien der Vorfall sehr peinlich zu sein. Eine der fremden Frauen wischte sich verstohlen die Augen.

Aber dann legte sich die Aufregung allmählich. »Laßt uns doch vernünftig miteinander reden«, bat jemand. Nach und nach ließen sie sich nieder. Salomes Hofdamen breiteten Decken über einen Stein, und sie setzte sich ebenfalls.

»Wahrscheinlich ist es schwer, mich zu verstehen«,

sagte Jesus nachdenklich. »Aber es gibt keine andere Wahl. Entweder haltet ihr zu mir, nehmt euer Kreuz auf euch und glaubt mir; oder ihr geht eure eigenen Wege. Aber ich sage euch: Wer Angst um sein Leben hat und sich um jeden Preis schützen und nach allen Seiten hin absichern will, der kommt um in seiner Ängstlichkeit. Wenn ihr aber bereit seid, kompromißlos zu mir zu halten, und euch nicht scheut, euer Leben für mich und meinen Auftrag einzusetzen, dann wird euch nicht einmal der Gedanke an den Tod erschrecken.«

Salome spürte, wie seine Worte in sie eindrangen. Seit jenem schrecklichen Tag in der Burg Antonia, als Johannes der Täufer sterben mußte, hatte sie den Tod verdrängt. Sie wollte nichts als vergessen. Jetzt spürte sie, wie sich bei seinen Worten tief in ihrem Inneren etwas zu verwandeln begann. Sie fing an zu ahnen, daß auch sie bereit sein könnte, diesem Menschen bedingungslos zu folgen, koste es, was es wolle. Ach, wie sehr sehnte sich die Fürstin Salome danach, endlich eindeutig sein zu können, sie selbst zu sein und sich aus den Verstrickungen ihres korrupten Elternhauses endgültig zu befreien.

Aber könnte ich es denn? fragte sie sich, würde ich es denn ertragen können, alle Bequemlichkeiten meines bisherigen Lebens aufzugeben? Unwillkürlich verglich sie seine Wanderkleidung mit ihrem modischen Gewand. Nein, dachte sie, es ist unmöglich. Es waren aber nicht nur die Äußerlichkeiten, die sie beeinflußten, erschreckt hatten sie auch seine heftigen Worte.

Jesus schien ihre Gedanken lesen zu können. »Wer sich meines Äußeren und meiner Worte schämt«, sagte er, »dessen werde ich mich eines Tages auch schämen.« Seine Worte trafen sie. Sie schämte sich, für sich und auch ein wenig für ihn. Er sah sie freundlich an und sagte: »Wahrlich, ich sage euch, einige von euch werden dabeisein, wenn sich das Reich Gottes zu verwirklichen beginnt.«

Warst du dabei, Salome? Hast du deine Vergangenheit begraben und bist ihm nachgefolgt wie andere vornehme Frauen? Wie Maria aus Magdala oder Johanna, die Frau des römischen Beamten Chuza, oder Susanna?

Als wir im ehemaligen Caesarea Philippi von der Jordanquelle Abschied nahmen, dachte ich darüber nach, was er gesagt haben könnte, wenn sie sich entschlossen hätte, bei ihm zu bleiben. Hätte er gesagt: »Eine so vornehme Frau wie du paßt nicht in meinen Freundeskreis«? Hätte er sie gehindert, mit ihm zu gehen, wenn sie es wirklich gewollt hätte? Einen jungen reichen Mann hatte er aufgefordert, alles aufzugeben, was ihn daran hinderte, ein neues Leben zu beginnen. Dem war das Risiko zu groß gewesen. Aber Salome, die junge, unglückliche Salome, war sie vielleicht mutiger gewesen als er?

Als sich am Ende alles erfüllte, was Jesus vorausgesagt hatte, als Petrus und andere Freunde sich von ihm distanzierten, als ein römischer Hauptmann sagte: »Wahrhaftig, dieser Mensch ist Gottes Sohn gewesen!«, da waren einige Frauen bei ihm geblieben. Auf dem Galgenberg standen Maria aus Magdala, Maria, die Mutter des Jakobus, und Salome unter dem Kreuz. Und früh am Ostermorgen ging sie mit den Frauen zum Grab, um Jesus den letzten Liebesdienst zu erweisen und seinen Körper einzubalsamieren. Wie die anderen Frauen, so hörte auch sie die Botschaft des Engels und seinen Auftrag, den Jüngern die Frohe Botschaft der Auferstehung Jesu zu verkündigen. Aber Salome erschrak vor dem Engel.

Erinnere dich an die Quelle in Caesarea Philippi, Salome, rede! Sieh, wie das Land dürstet, wenn das Wasser im Jordan versiegt. Rede und schweige nicht!

Wovor fürchtest du dich? Vor dem, der den Tod überwunden hat? Fürchtest du dich gar vor Petrus? Siehst du, du lachst.

Ich will zugeben, daß ich von Salome, die ich für unschuldig halte am Tod des Täufers, nur wenig weiß. Sie war noch jung, als sie, vermutlich im Jahr 29 n. Chr., die Gemahlin ihres betagten Onkels Herodes Philippus wurde und von Jerusalem nach Caesarea Philippi zog, dem ehemaligen Paneas, der Residenz ihres Ehemannes. Herodes Philippus starb im Jahr 34 n. Chr. nach achtunddreißigjähriger Regentschaft. Im Verhältnis zu seinen tyrannischen Brüdern Herodes Archelaus und Herodes Antipas war Herodes Philippus ein gütiger Herrscher. Die jüdische Widerstandsbewegung hatte in seinem Regierungsbezirk weniger zu befürchten als anderswo [23].

In zweiter Ehe war Salome mit Aristobul von Armenien verheiratet. In Edessa, der römischen Provinzhauptstadt dieses Landes, breitete sich das Christentum ungewöhnlich früh aus [24]. Da Paulus nicht in Edessa gewesen ist, müssen dort andere von ihrer Begegnung mit Christus berichtet haben. Der Überlieferung nach war es Thomas; aber warum sollte es nicht Salome gewesen sein?

Nordgaliläa

Die gekrümmte Frau

Bibeltext siehe Seite 195

Irgendwo zwischen Banyas und Kapernaum unterbrachen wir unsere Reise in einem Dorf, dessen Namen ich vergessen habe, um unser Auto aufzutanken. Der Mann an der Tanksäule wechselte ein paar Worte mit unserem Fahrer, ein anderer unterhielt sich angeregt mit einem Bekannten auf der anderen Straßenseite. Ich dachte daran, daß Jesus und seine Freundinnen und Freunde ähnlich wie wir von einem Ort Galiläas zum anderen gezogen waren, wenn auch unter unvergleichbar anderen Reisebedingungen. Einmal waren sie gerade rechtzeitig zum Sabbatbeginn in einem Dorf wie diesem eingetroffen. Übermorgen würden sie weiterwandern und Kapernaum noch vor Einbruch der Dunkelheit erreichen; aber morgen würden sie an der Sabbatfeier in der hiesigen Synagoge teilnehmen.

Das Versammlungshaus der Gemeinde bestand aus einem einzigen, schmucklosen Raum ohne Wandgemälde oder Schnitzereien und ohne golddurchwirkten Vorhang vor dem Thoraschrein. Nicht einmal für eine Menora hatte es gereicht. Der Stuhl des Mose war ein ebenso schlichter steinerner Sitz wie die Bänke, die rings an den Wänden entlangliefen. Die Sitzmatten auf dem Fußboden waren teilweise zerschlissen, über die abgeschabtesten Stellen hatte man andere gelegt, denen man ihr Alter aber auch ansah.

Sie hockte neben der Tür. In sich zusammengekrümmt, den Blick schüchtern gesenkt, ganz unscheinbar und still. Neben ihr an der Wand lehnte der Stab, auf den sie sich stützte, wenn sie mühsam die wenigen Schritte von ihrem Haus zur Synagoge und zurück humpelte. Sie wirkte alt und schwach und beschränkt.

Der Wirt, ihr Vater, hatte Jesus am Vorabend erzählt, daß ihr schweres Leiden vor achtzehn Jahren begonnen hatte. Mit zwanzig sei es bereits nicht mehr zu verbergen gewesen; danach habe es sich so sehr verschlimmert, daß sie sich nun, gerade dreißigjährig, kaum noch ohne fremde Hilfe fortbewegen könne.

»Bevor der Dämon sich über sie hergemacht hat, war sie ein gewandtes, unternehmungslustiges, hübsches Mädchen, eine Herumtreiberin, wie die Nachbarn sagten. Ich habe sie meine kleine Wildkatze genannt«, hatte er erzählt. Er war sehr stolz auf seine Tochter gewesen. »Sie war überzeugt, eines Tages wie ihr Bruder und dessen Freund nach Ägypten reisen zu können. Einmal dachte sie sich aus, daß sie wie der Bruder ihrer besten Freundin als Karawanenführer von einer Karawanserei zur nächsten ziehen wollte. Stets würde sie die seichtesten Furten und die kürzesten Wege von einer Stadt zur anderen finden. Wahrhaftig«, seufzte er, »ich habe meinen Spaß an der Kleinen gehabt.«

Sie selbst erzählte nach der denkwürdigen Sabbatfeier, daß sich ihr Leben grundlegend zu ändern begann, nachdem ihr Vater ihr von heute auf morgen untersagt hatte, weiterhin mit den Jungen herumzutoben, und von ihr verlangt hatte, sich wie die zukünftige Frau eines achtbaren Mannes zu benehmen. Das habe bedeutet: kein lautes Reden auf der Straße, nicht unaufgefordert mit den Gästen sprechen, sich im Haus nützlich machen, anstatt im Olivenhain herumzuträumen, überhaupt zu begreifen, daß das Leben einer jungen Frau ein anderes Leben ist als das eines jungen Mannes. »Und ich habe mich gefügt«, sagte sie. »Schließlich fing ich sogar an, mich danach zu sehnen, eine verheiratete Frau zu sein. Ich stellte mir vor, alles andere müßte erträglicher sein als im Haus herumzusitzen und auf das große, einmalige Ereignis meiner Hochzeit zu warten.«

Ihre kindlichen Vorstellungen vom Leben einer verheirateten Frau hatten der Wirklichkeit aber nicht standgehalten. Die Wirklichkeit war, daß sie in fünfzehn Ehejahren zehnmal schwanger gewesen war und keines der Abenteuer erlebt hatte, von denen sie damals träumte. Nicht einmal zu der Wallfahrt nach Jerusalem, von der jahrein, jahraus die Rede war, hatte es bis jetzt gereicht.

Einmal war ein fremder Rabbi in das Dorf gekommen und hatte herausgefunden, daß sie irgendeine Schuld mit sich herumtrage, durch die ihr Rücken allmählich gebeugt werde. Er sagte, sie sei von einem Dämon besessen, und bot sich an, ihn zu vertreiben. Seitdem er eine gründliche Austreibungsprozedur vorgenommen hatte, schien aber etwas in ihr zerbrochen zu sein. Sie verspannte und verkrümmte sich mehr und mehr, wagte sich kaum noch aus dem Haus und wurde allmählich menschenscheu, ja sie mied die Blicke der Menschen. Sie verhielt sich ihrem Leiden gemäß. Von einer Frau, die sich sichtbar im Bann böser Mächte befand, erwartete niemand, daß sie den Menschen in die Augen sah.

An jenem Sabbat, an dem sich das Wunder ereignen sollte, war sie wie gewohnt die wenigen Schritte zur Synagoge gegangen. Alle nahmen ihre Sitzplätze ein: die Ältesten neben dem Lesepult, die übrigen Männer im Mittelteil, die Frauen entlang den Wänden, die Gekrümmte neben der Eingangstür. Der Synagogenvorsteher eröffnete die Sabbatfeier und übergab den Psalter an den fremden Rabbi.

Als Jesus die ersten Psalmworte las:

»Herr, strafe mich nicht mit deinem Zorn, und züchtige mich nicht in deinem Grimm!«
da hörte man deutlich ein unterdrücktes Seufzen aus den Frauenbänken.

»Deine Pfeile haben mich getroffen, deine Hand lastet schwer auf mir. Nichts blieb gesund an meinem Leib, weil du mir grollst; weil ich gesündigt habe, blieb an meinem Leib nichts heil.«

Das Seufzen wurde zum Wimmern, und alle sahen sich nach der Gekrümmten um. Der Rabbi las weiter:

»Meine Sünden schlagen mir über dem Kopf zusammen, sie erdrücken mich wie eine schwere Last. Ich bin gekrümmt und tief gebeugt, den ganzen Tag gehe ich traurig einher. Kraftlos bin ich und ganz zerschlagen, ich schreie in der Qual meines Herzens. Ich bin dem Fallen nahe, mein Leid steht mir immer vor Augen. Verlaß mich nicht, bleib nicht fern, mein Gott! Eile mir zu Hilfe, Herr, du mein Heiland« (Ps 38 in Auszügen).

Die Gekrümmte rührte sich nicht. Sie seufzte und wimmerte nicht mehr. Stumm und tief gebeugt saß sie da.

Jesus legte die Schriftrolle auf das Lesepult und sah aufmerksam in die Richtung, aus der die jammernden Laute gekommen waren. Er sah sie dasitzen in ihrer hilflosen Verlegenheit und ließ sie nicht aus den Augen. Er beachtete weder die verwunderten Blicke noch die peinlichen Empfindungen, die sich spürbar im Raum verbreiteten. Er wartete darauf, daß sie ihn ansah.

Der Synagogenvorsteher räusperte sich, um das angespannte Schweigen zu unterbrechen, als der Rabbi die Frau aufforderte, zu ihm nach vorn zu kommen. Wie ein Ruck ging es durch die Versammlung. Alle drehten sich nach ihr um. Was sollte das bedeuten? Das gehörte doch nicht in die Liturgie einer Sabbatfeier?

Aber die Frau hatte sich bereits von ihrem Platz erhoben und ging klein und gebückt mühsam die wenigen Schritte nach vorn. Er reichte ihr die Hand, um ihr auf den erhöhten Platz zu helfen. Sie stand unmittelbar vor ihm, näher, als es sich für einen Mann und eine Frau in der Öffentlichkeit schickt. Er sagte mit fester Stimme in die atemlose Stille hinein: »Frau, du bist von deinem Leiden erlöst.« Nicht mehr und nicht weniger. Dabei legte er ihr seine Hände auf den Kopf und auf die Schulter.

Und unter diesen Händen richtete sie sich auf. Wie eine Blume, die nahe am Verdursten gewesen war und sich unter dem erlösenden Regen wieder aufrichtet, so erhob sich ihr Kopf, so streckte sich der Rücken dieser elend verkrümmten Frau.

Alle starrten auf sie, die alles um sich her vergessen zu haben schien. Sie sahen das Leuchten in ihren Augen, als sie sich ihnen langsam zuwandte, einen Platz in der Synagoge einnehmend, der ihr nicht zustand. Sie starrten sie an und konnten es nicht fassen, daß sie, die Gekrümmte, eine Frau, es wagte, ihre Hände auszubreiten, aufrecht dazustehen und ohne Scheu, mit lauter Stimme zu bekennen:

»Meine Seele ist entronnen wie ein Vogel dem Netz des Vogelfängers: Das Netz ist zerrissen, und ich bin frei! Ich danke dir, mein Gott, von ganzem Herzen! Ich will dich loben mein Leben lang und meine Hände in deinem Namen aufheben. Du bist meine Errettung, und unter dem Schatten deiner Flügel frohlocke ich« (Ps 124).

Sie stand da wie verklärt, wie über sich hinausgewachsen, sicher, stark, selbstbewußt, eine neue Frau. Sie war so vollständig verwandelt, daß sogar der Synagogenvorsteher eine ehrerbietige Haltung einnahm. Als sie sich dann vor Jesus verneigte, hatte diese Gebärde nichts mit ihrer bisherigen gekrümmten Haltung zu tun. Wie eine Freie, wie eine Ebenbürtige neigte sie sich vor ihm, der ihr noch einmal segnend die Hände entgegenhielt.

Dann ging sie aufrecht, still und strahlend die Stufen hinab, durchquerte unangefochten den Mittelraum, öffnete die Tür und stand da wie eine Träumende. Wie ein Vogel, der in der offenen Käfigtür einen Augenblick verharrt, bevor er sich in die Luft schwingt, wie eine, die geht, um nicht wiederzukommen, so überschritt sie, die vormals Gekrümmte, aufrecht und sicher die Schwelle in ihr neues Leben.

Nach einem kurzen, erschrockenen Schweigen redete plötzlich alles durcheinander. Einige waren aufgesprungen und priesen Gott für das Wunder, das sich soeben vor ihren Augen ereignet hatte. Andere wollten ihr nachgehen und standen schon in der Tür, als der Synagogenvorsteher sich erhob und für Ruhe sorgte. Er forderte die Gemeinde auf, die Plätze wieder einzunehmen, und befahl dem Synagogendiener, die Tür zu schließen.

Aus seiner Empörung über das Verhalten des Rabbi machte er keinen Hehl. Was fiel dem ein, dem Fremden, dem er Gastrecht gewährt hatte! Wie konnte er es wagen, sich ungefragt in ihre dörflichen Angelegenheiten einzumischen und die Gemeinde zu beunruhigen! Er hatte sich an die heiligen Regeln zu halten und sich nicht selbstherrlich aufzuspielen, als wäre er ein Hoherpriester! Ohne zu fragen oder sich mit ihm abzusprechen, mußte er doch nicht ausgerechnet hier, in seiner Synagoge, die Ehrfurcht und Achtung vor der überlieferten Tradition vergessen!

Auch über die Frau war er empört. Unglaublich, was die sich herausgenommen hatte! Niemals zuvor hatte eine Frau in einer Versammlung, der er vorstand, den Psalter gelesen. Und nun stellte diese sich vor die Gemeinde, ohne ihn um Erlaubnis gefragt zu haben, und pries Gott! Und in welcher Haltung sie das getan hatte! Durfte ein Mensch so mit Gott reden? Und gar eine Frau? Das ganze Gebäude gerät ins Wanken, wenn das Fundament beschädigt wird, und das Fundament war und blieb das heilige Gesetz Gottes. »Du sollst den Feiertag heiligen«, forderte Gott, du sollst ihn nicht entweihen, indem du Unruhe verbreitest und am Sabbat arbeitest!

»Sechs Tage sind zum Arbeiten da!« rief er der Gemeinde zu, »kommt also in der Woche, wenn ihr etwas wollt, nicht am Sabbat!«

Die Leute sahen ihn verwundert an. Sie glaubten, nicht richtig gehört zu haben. Waren sie denn etwa in die Synagoge gekommen, um sich heilen zu lassen? Sie waren doch allesamt gehorsame, friedliche Menschen, warum fuhr er sie denn so unbeherrscht an?

Aber niemand wagte, ihm zu widersprechen. Und die Ältesten gaben ihm sogar recht. Jawohl, sie waren zufrieden mit ihrem Vorsteher, der nichts durchgehen ließ, was dem Ruf der Synagoge schaden könnte. Sie waren ihm dankbar für seine Worte. Wo käme man denn hin, wenn jeder machen könnte, was er will! Wo käme man denn hin, wenn es keine Ordnung mehr gäbe in der Gemeinde? Sie räusperten sich und blickten streng in die Versammlung, so daß schließlich alle die Köpfe senkten und betreten dasaßen. Wahrhaftig, sie hatten für einen Augenblick vergessen, daß der Sabbat seine eigenen Gesetze hat! Möge Gott uns unsere Begeisterung über das Wunder verzeihen, das sich mitten unter uns ereignet hat, dachten sie reumütig und schwiegen.

Jesus reagierte anders auf die Zurechtweisung des Vorstehers und auf die zornigen Blicke der Ältesten. Anstatt sich bei ihnen zu entschuldigen, wie man es erwarten konnte, fuhr er sie entrüstet an: »Ihr Heuchler!« sagte er, »bindet nicht jeder von euch am Sabbat seinen Ochseln oder Esel von der Krippe los und führt ihn zur Tränke? Diese Tochter Abrahams aber, die der Satan schon seit achtzehn Jahren gefesselt hielt, sollte am Sabbat nicht davon befreit werden dürfen?« In seiner Stimme war nichts mehr von der Wärme, mit der er die Frau angesprochen hatte. Scharf wies er die Herren zurecht, die sich für die Stellvertreter Gottes auf Erden hielten – zumindest in ihren Ämtern.

Die Gemeinde saß regungslos da, wie erstarrt. Der Vorsteher und die Ältesten sahen ihn sprachlos an. Was nahm sich dieser Mensch heraus? Wie hatte er sie genannt? Heuchler? Wahrhaftig, Heuchler hatte sie dieser Fremde genannt! Kannte er die Gebote Gottes etwa besser als sie? Oder kannte er sie überhaupt nicht? Waren sie am Ende einem Schwindler aufgesessen?

Diese Sorge war aber unbegründet; denn der fremde Rabbi kannte sich sehr gut in den Gesetzen aus. Er wußte, daß selbst das Sabbatgebot Lücken hat, Schlupflöcher sozusagen, ohne die bekanntlich niemand auskommt. Mit dem einleuchtenden Beispiel ihrer durstigen Ochsen und Esel hatte er ihre Argumente gründlich widerlegt; denn jedes Kind wußte, daß es selbstverständlich war, die Haustiere am Sabbat anständig zu behandeln. Nein, niemand würde wegen des Sabbatgebotes seine Fürsorgepflicht vernachlässigen, darin mußten sie ihm zustimmen. Aber es verschlug ihnen die Sprache, daß er das Leiden einer Frau und den Durst der angebundenen Kreatur in einem Atemzug nannte und sie, die Gerechten, mit seinen Worten ins Unrecht setzte.

Aber wie gut hat er alles verstanden, dieser Jesus! Ja, er befreite sie von ihren Ketten, die sie in ihrem engen Frauendasein zu Boden zogen, bis sie schließlich vergessen hatte, daß sie ein Mensch ist, eine nach Gottes Ebenbild geschaffene Frau mit eigener Verantwortung, mit aufrechtem Gang, mit geistigen Gaben und Aufgaben, und kein Haustier, das auf allen vieren geht, das abhängig ist von den Launen der Menschen und sein Leben lang zu dienen und zu gehorchen hat. »Du bist frei!« sagte er, und sie hat es geglaubt.

Der versammelten Gemeinde machte er den Unterschied zwischen ihren Ochsen und Eseln und dieser Frau deutlich, indem er sie eine Tochter Abrahams nannte. Er sagte ihnen damit: »Diese Frau ist euch gleichberechtigt, in allen Dingen, ihr Männer und Herren! Bildet euch doch nur nicht ein, ihr hättet das Gesetz Gottes für euch gepachtet! Anstatt sie wie eure Schwester zu behandeln und euch von Herzen mit ihr darüber zu freuen, daß sie es endlich wagt, den Kopf zu heben, wie es einem erwachsenen Menschen zusteht, aufrecht zu gehen und mit lauter Stimme, mit *lauter* Stimme Gott zu preisen in der Kirche, wie es einer Tochter und Erbin im Haus ihres Vaters angemessen ist, anstatt in ihren Jubel einzustimmen, fühlt ihr euch übergangen und gekränkt.

Habt ihr denn nicht gesehen, wie krumm und gebückt sie war? Oder hattet ihr euch etwa schon so an ihren erbarmungswürdigen Anblick gewöhnt, daß ihr gar nicht mehr gemerkt habt, wie schwer sie an ihrem Los zu tragen hatte, wie tief die satanischen Fesseln sie zu Boden drückten? Wißt ihr denn überhaupt, ihr Ehemänner, ihr Vorsteher und Schriftgelehrten, ihr Autoritätspersonen, wie einem Menschen zumute ist, der wie ein Haustier behandelt wird? Ja, schlimmer noch, dem man nicht einmal das Lebensnotwendige läßt, nämlich sich an der Quelle des Lebens sattzutrinken!

Ein Menschenleben lang hat diese Frau in unwürdiger Abhängigkeit leben müssen, und nun wurde sie für eure Begriffe einen Tag zu früh befreit. Habt ihr denn nicht gehört, daß sie Gott gepriesen hat? Wollt ihr etwa Gott verbieten, gnädig zu sein – ob am Sabbat oder irgendwann in der Woche?

O ihr Heuchler! Freut euch doch mit ihr, anstatt an mir Kritik zu üben! Ich gehe weiter. Mir macht es nichts aus, wenn ihr schlecht von mir redet. Aber wenn ihr wollt, daß diese Frau bei euch und in ihrer Familie bleibt, dann seid freundlich zu ihr! Macht ihr nicht gleich wieder ein schlechtes Gewissen und legt ihr nicht gleich wieder neue Fesseln an. Unterstützt sie. Laßt sie nicht allein. Macht ihr Mut, bestärkt sie in ihrem Aufrechtgehen. Und wehe euch, ihr Gläubigen, wenn ihr sie ausschließt aus eurer Gemeinschaft!«

Nach dieser Rede wußten der Synagogenvorsteher und die Ältesten nicht, wohin sie blicken sollten. Die Gemeinde war auf der Seite des Rabbi, das war nicht zu übersehen. Es fehlte nur noch, daß sie ihm applaudierten! Aber solch ein Verhalten im Gotteshaus war ihnen denn doch wohl nicht zuzutrauen. Insgeheim gaben sie ihm sogar recht. Sie wußten gar nicht mehr, was eigentlich in sie gefahren war, daß sie anderer Meinung über diese Heilung gewesen sein konnten als er.

Der Vorsteher sagte, natürlich freue er sich für die Frau; aber es gebe eben auch Grenzen der Mitmenschlichkeit, und er habe doch nur seine Pflicht getan, als er nachdrücklich auf das heilige Gebot Gottes hingewiesen habe. Wenn er seine Aufgaben als Synagogenvorsteher nicht ernst nehme, könne ihm das genauso nachteilig ausgelegt werden. »Ich habe doch nichts gegen die Frau«, sagte er begütigend, »aber das Gesetz ist für mich bindender als alles andere. Und für mein Empfinden war es eindeutig auf meiner Seite. Aber nun tut es mir leid, daß ich so mißverstanden worden bin, und ich bitte um Entschuldigung.«

Es war ihm anzumerken, daß er hoffte, durch diese Worte sein Gesicht gewahrt zu haben. Ein Seitenblick auf die Ältesten zeigte ihm aber, daß sie doch weniger verständnisvoll wirkten als vielmehr peinlich berührt. Er verschaffte sich einen einigermaßen guten Abgang, indem er die Sabbatfeier offiziell beendete und die Gemeinde mit dem Segensgruß entließ.

Draußen hatte sich das ganze Dorf versammelt; denn in Windeseile hatte es sich herumgesprochen, was während des Gottesdienstes geschehen war. Als Jesus in der Tür erschien, empfing ihn die Menge mit lautem Jubel. Alle wollten ihm die Hand reichen, alle wollten ihn berühren, alle ihn in ihr Haus einladen. Das allgemeine Durcheinander war so groß, daß von dem Verhalten des Vorstehers und der Ältesten überhaupt nicht mehr die Rede war.

Inzwischen war unser Auto aufgetankt worden, und wir setzten unsere Reise fort. Der Tankwart nahm seine unterbrochene Arbeit wieder auf, alles wurde wieder so, als hätte uns dieses Dorf nie zu Gesicht bekommen. Vergeblich sah ich mich nach Frauen um. In diesem Dorf habe ich keine entdeckt. Auf einer Wäscheleine flatterten bunte Tücher, daraus schloß ich, daß es sie gab, Hausfrauen, in diesem kleinen Ort zwischen Banyas und Kapernaum, Abrahams geduldige Töchter.

Kapernaum
Die Fischfrau

Bibeltexte siehe Seite 196

Da waren die Ausgrabungen, die schwarzen Steine, die uralten Fundamente der kleinen Häuser und der großen Synagoge aus der Zeit Jesu, und da waren die prächtigen, leuchtend lila Blüten der Bougainvillea, die sich über das Eingangstor und über die Bäume hergemacht hatten und uns in ihrer unglaublichen Farbenpracht entgegenleuchteten. Für was sollte ich mich entscheiden?

Die anderen warteten ungeduldig und mahnten zur Weiterfahrt, und ich stand immer noch da und staunte. Ich werde wiederkommen müssen, um mich sattzusehen. Und vielleicht tue ich es wirklich und stehe dann wieder da bei den Blumen und Steinen am See in Kapernaum und lasse mich anrühren von diesem Fleckchen Erde. Und kann mich wieder nicht trennen.

Ja, ich wäre gern in der alten Siedlung am See geblieben. Wegen nichts weiter als der Blumen, dem Wind, der frisch vom See herüberwehte, und der Erinnerungen, die in den schwarzen Steinen wohnen.

Manche Orte sind wie Menschen. Wir begegnen ihnen, fühlen uns ihnen verbunden, verlieren sie wieder aus den Augen, und allmählich geraten sie in Vergessenheit. Seltsam, wie sie dann unvermutet wieder auftauchen. Und sei es im Traum.

Irgend etwas erinnerte mich in Kapernaum an eine Frau, die wir vor Jahren in Norwegen kennengelernt hatten. Seitdem wir ihr zum ersten Mal begegnet waren, nannten wir sie die Fischfrau, weil sie damit beschäftigt gewesen war, Lachse auszunehmen und zu zerteilen, die ihr Schwiegersohn im Fjord gefangen hatte.

Ich habe dieses Bild immer noch vor Augen: Eine ältere, stattliche Frau steht da unter dem überhängenden Dach eines weißen Holzhauses. Sie trägt ein ärmelloses, buntgeblümtes Sommerkleid und einen Strohhut. Ihre Füße stecken in Holzsandalen. Vor sich auf dem groben, nassen Holztisch liegen die mächtigen Fische, denen sie mit einem großen Messer zu Leibe geht. Neben und unter dem Tisch stehen Wassereimer und Schüsseln. Ihr Schwiegersohn geht ihr bereitwillig zur Hand. In ihrem Rücken die Wiese, die Felsen, der See. Darüber der helle Sommerhimmel und die brennende Julisonne.

Ich fragte die Fischfrau, ob sie mir etwas von ihrem Fang verkaufe, aber sie schüttelte den Kopf. »Nein«, sagte sie, »ich verkaufe keinen Fisch.« Als ich daraufhin meiner Wege gehen wollte, überreichte sie mir mit einem freundlichen Lächeln ein großes Filetstück und sagte: »Ich verschenke ihn nur.«

Wie diese Norwegerin, so stelle ich mir die Frau in Kapernaum vor, deren Tochter den Simon, genannt Petrus, heiratete, in deren Haus er einzog, als er seinen Heimatort Bet Saida verließ und nach Kapernaum übersiedelte.

Manchmal begleitete sie ihren Schwiegersohn auf den See hinaus. Das Boot lag nahe am Haus, sie brauchte nur die wenigen Schritte zum Wasser zu gehen. Ihr Schwiegersohn stieg dann vor ihr ein, räumte die Netze, Angeln und Fischkästen ein wenig zur Seite, wischte den Tau von der Bank und reichte ihr die Hand, damit sie sich auf ihn stützen konnte; mit der anderen Hand hielt sie sich am Bootsrand fest. So gelangte sie, ein wenig unbeholfen, aber unbeschadet, in das Boot. Sie fischte zu ihrem Vergnügen, und solch eine Bootsfahrt unternahm sie nicht jeden Tag.

Diese Frau war nicht wie irgendeine. Sie war tatkräftiger und aufgeschlossener als alle anderen Frauen im Dorf. Sie stellte Jesus und seinen Freundinnen und Freunden ihr Haus zur Verfügung und nahm viele Gäste auf.

Unter ihnen befanden sich auch die Jünger von Johannes dem Täufer. Sie waren nach Kapernaum gereist, um sich ein genaueres Bild von der Jesusbewegung zu machen. Es scheint ihnen nicht alles gefallen zu haben, was sie im Haus der Fischfrau beobachten konnten. Sie fanden es nicht in Ordnung, daß Jesus einen anderen Weg einschlug als sie, obwohl Johannes ihn persönlich getauft hatte. Auf ihre Frage: »Warum fasten deine Jünger nicht, während wir und die Pharisäer doch fasten?« antwortete Jesus mit der Gegenfrage: »Können denn die Hochzeitsgäste trauern, wenn der Bräutigam bei ihnen ist?« Damals sahen sie ein, daß es nicht zur Vereinigung kommen würde. Die

Jünger des Johannes verließen Kapernaum und gingen wieder zurück zum Toten Meer.

Seitdem Jesus in ihrem Haus wohnte, klopften viele Hilfsbedürftige an ihre Tür. Reiche, Arme, Kranke, Gesunde, Sünder und Gerechte kamen und baten um Rat und Hilfe. Der ganze Ort schien manchmal vor ihrer Haustür versammelt zu sein, und er half ihnen allen. Wenn Jesus sich zurückzog, suchten sie ihn so lange, bis sie ihn gefunden hatten, und sei es in der Nacht.

Einmal hatten sie ihn früh am Morgen vermißt. Niemand wußte, wohin er gegangen war. Simon und einige andere Freunde suchten ihn. Als sie ihn endlich gefunden hatten, sagten sie vorwurfsvoll: »Alle suchen dich, du kannst dich doch nicht einfach zurückziehen!« An diesem Morgen schlug er ihnen vor, Kapernaum für eine Weile zu verlassen und sich auf Wanderschaft in die benachbarten Orte zu begeben. Noch am gleichen Tag machten sie sich auf den Weg.

Sie zogen hin und her durch Galiläa, und er predigte in den Synagogen. Nach Möglichkeit vermieden sie die größeren Orte und hielten sich außerhalb der Städte in abgelegenen Gegenden auf. Aber wohin sie auch kamen, überall brachte man die Kranken zu ihm. Schließlich wanderten sie wieder nach Kapernaum zurück.

Manchmal ging Jesus am Seeufer spazieren, oder er setzte sich in ein Boot, um ein wenig Abstand von den Menschen zu haben; aber es gelang ihm selten, allein zu sein.

Oft äußerte er sich kritisch über die herrschenden politischen und sozialen Mißstände und über das formalgesetzliche Verhalten der orthodoxen Juden. Einigen aus dem Freundeskreis gefiel das nicht. Sie sagten, mit seinen unvorsichtigen Bemerkungen und Reden bringe er nicht nur sich selbst, sondern sie alle in Gefahr.

Als er wieder einmal in eine heftige Diskussion verwickelt war, ließen ihn seine Mutter und seine Brüder herausrufen. Sie machten sich Sorgen, wenn er seine Gedanken so ungeschützt, dazu in Gegenwart einflußreicher Persönlichkeiten äußerte. »Deine Mutter und deine Brüder sind draußen und möchten dich sprechen«, ließen sie ihm mitteilen. Aber er dachte nicht daran, die Gesellschaft zu verlassen. »Wer ist meine Mutter, und wer sind meine Brüder?« fragte er, zeigte auf die Fischfrau und ihre Gäste und sagte: »Das sind meine Mutter und meine Brüder!« und redete weiter.

Wirklich, gelegentlich konnte man nur mit dem Kopf schütteln über ihn. Wenn die Fischfrau anfing, von ihm zu reden, dann erzählte sie gern die Geschichte von der Tempelsteuer: Als die Steuereinnehmer im Dorf waren und er den Termin für die Abgabe der Tempelsteuer nicht eingehalten hatte, fragten die Beamten ihren Schwiegersohn: »Bezahlt euer Meister die Doppeldrachme nicht?« Sein zögerndes »Doch!« hatte aber nicht sehr überzeugt geklungen.

Petrus machte keinen Hehl daraus, daß ihm diese Angelegenheit unangenehm war. Er jedenfalls hielt nichts davon, sich mit der Priesterschaft anzulegen.

»Was meinst du, Simon«, fragte Jesus ihn, weil er gar zu ängstlich blickte, »von wem lassen sich die Könige der Erde Abgaben oder Steuern zahlen, von ihren eigenen Kindern oder von den Fremden?« »Von den Fremden natürlich«, bekam er zur Antwort. »Also zahlen ihre eigenen Kinder keine Steuern«, folgerte Jesus.

Aber dann mußte er lachen über das Gesicht seines Freundes. »Keine Angst, Simon!« beruhigte er ihn, »wir werden zahlen! Geh hinunter zum See, wirf deine Angel aus, und dem ersten Fisch, den du herausziehst, öffne das Maul; dann wirst du eine Vierdrachmenmünze finden, die nimm und gib sie ihnen als Tempelsteuer für dich und für mich.«

Ja, so ging es zu in ihrem Haus. Selbst aus dem Verkauf eines Petrifisches machte Jesus ein Wunder! Es wurde viel gelacht und Spaß gemacht und gefeiert. Niemand konnte ihm wirklich böse sein, wenn er sie manchmal auch in Verlegenheit brachte mit seiner Unvorsichtigkeit.

Wenn die Fischfrau von den großen und kleinen Leuten erzählt, die in ihrem Haus ein- und ausgegangen sind, dann wird deutlich, wie sehr sie es genossen hat, an allem teilzunehmen.

Und sie selbst? Kommt sie auch vor in ihren Jesusgeschichten? Ob sie wohl auch persönlich betroffen war von dem, was er in ihrem Haus und in ihrem Heimatort Kapernaum getan hat?

Wenn man sie das fragte, dann würde sie einen Augenblick ihre vielbeschäftigten Hände in den Schoß legen, »Weiß Gott!« sagen und erzählen, wie er ihr das Leben gerettet hat.

Als wieder einmal alle unterwegs waren, hatte sie das Haus in Ordnung gebracht und sich gerade noch ins Bett legen können, als sie spürte, daß sie hohes Fieber bekam. »Nicht, daß ich Angst gehabt hätte«, erklärte sie, aber sie habe ganz deutlich gespürt, wie ihre Seele sich anschickte, ihren Körper zu verlassen. Sie sagte, sie habe sich ganz leicht und gelöst gefühlt. Als Jesus nach Haus gekommen war, sei er über ihren Zustand entsetzt gewesen. Sie habe nicht gemerkt, daß er sie berührte; aber plötzlich war das Fieber fort, und sie stand auf, als wäre nichts gewesen. Dann machte sie ihm etwas zu essen, denn er hatte ja den ganzen Tag noch nichts Vernünftiges gehabt.

Als dann das Entsetzliche mit Jesus geschehen war und das Wunderbare, als er gestorben war und von den Toten auferstand, da hatten ihre Tochter und ihr Schwiegersohn Kapernaum verlassen und waren die Stützen der christlichen Gemeinde in Jerusalem geworden.

Aber sie war in ihrem Haus geblieben. In diesem seltsam anderen Haus in Kapernaum am See, das ihr nun viel zu groß geworden war. Nachdem alle fortgegangen waren, schlotterte es sozusagen um ihre Glieder wie ein zu weit gewordenes Gewand.

Die Netze hatte sie in Ordnung gehalten und die Boote vermietet. Davon konnte sie leben. Langeweile? Nein, Langeweile kannte sie nicht. Seitdem es still geworden war im Haus, dachte sie viel an die Zeit zurück, als die jungen Leute und all die Fremden bei ihr zu Gast gewesen waren. Als Jesus noch in Kapernaum war – ach, das waren unvergeßlich wunderbare Jahre gewesen!

Immer noch stand ich da in Kapernaum unter den leuchtenden Blütenkaskaden am See und bei den schwarzen Steinen, fühlte den ewigalten Wind auf meiner Haut und hörte die anderen mahnen: »Es wird Zeit!« Ich sah mich erstaunt um und fragte: »Wozu?«

Magdala

Maria Magdalena

Bibeltexte siehe Seite 197

Von Kapernaum in Richtung Tiberias fuhren wir am See Genezareth entlang, vorbei an Bananen- und Mangoplantagen, an Weingärten, Kaktusfeldern und Olivenhainen. Ungefähr zehn Kilometer vor Tiberias näherten wir uns den Ruinen von Magdala. Die hellen Steine lagen unmittelbar am See im Gras wie ein abgestreiftes Gewand, als wären sie damals achtlos beiseite gelegt worden, als Maria, die Herrin von Magdala, ihrem Dorf den Rücken kehrte und in eine neue Welt aufbrach.

Beim Anblick der Ruinen fiel mir ein Gedicht ein, in dem die Situation eines solchen Aufbruchs beschrieben wird. Es heißt:

Auch du
hast gezögert
und ich sah, wie du
zurückblicktest
zum Dorf.
Doch nur für einen Augenblick,
dann hobst du den Kopf
und gingst.[25]

So mag es gewesen sein, als Maria das vertraute Magdala mitsamt seinen Dämonen verließ.

Was wissen wir eigentlich über diese Maria? Nach Lukas war sie wohlhabend, Jesus befreite sie von sieben Dämonen, sie wurde seine Jüngerin und unterstützte den Freundeskreis mit ihrem Geld. Sie ertrug aus nächster Nähe seine Kreuzigung und begegnete ihm als erste am Ostermorgen. Danach verkündete sie Petrus und den anderen Jüngern das Wunder seiner Auferstehung. Aber sie glaubten ihr nicht.

In der kirchlichen Überlieferung ist sie die große Sünderin, von der Jesus gesalbt wurde und von der er sagte: »Sie hat viel geliebt, darum wird ihr auch viel vergeben« (Lk 7,47).

Der Legende nach war sie das Kind wohlhabender Eltern. Ihr Vater hieß Syrus und ihre Mutter Eucharia. Sie hatte eine Schwester und einen Bruder, deren Namen waren Martha und Lazarus. Nach dem Tod der Eltern wurde der Familienbesitz unter den Geschwistern aufgeteilt. Maria erbte die Burg Magdala am See, Martha das Dorf Bethanien am Ölberg und Lazarus Teile der Stadt Jerusalem[26].

Während die Legende also davon ausgeht, daß Maria Magdalena mit Maria, der Schwester von Martha, identisch ist, sind sie in der kirchlichen Tradition zwei sehr unterschiedliche Frauen. Die eine ist die große Sünderin von Magdala und die andere die keusche

Jungfrau von Bethanien. Wer mag sie wirklich gewesen sein, diese Maria?

Das außerbiblische Philippusevangelium berichtet über sie: »Christus liebte sie mehr als alle Jünger und pflegte sie auf den Mund zu küssen«, worüber die anderen Jünger gekränkt waren. Sie fragten: »Warum liebst du sie mehr als uns alle?« Und bekamen zur Antwort: »Warum liebe ich euch nicht, wie ich sie liebe?«

Ihre enge Beziehung zu Jesus war demnach kein Geheimnis. Die Jünger wußten, daß Jesus und Maria in allen Dingen einer Meinung waren. Das machte sie eifersüchtig und neidisch, darum fanden sie oft etwas an ihr auszusetzen, vor allem Petrus, dem sie anscheinend ein ständiges Ärgernis gewesen ist. »Wir können diese Frau nicht länger ertragen. Sie nimmt uns jede Gelegenheit, etwas zu sagen. Immer ergreift sie das Wort«, klagte er[28]. Und Maria sagte: »Ich fürchte mich vor ihm, denn er haßt das weibliche Geschlecht.« Damals schlichtete Jesus ihren Streit, indem er entschied: »Wen immer der Geist treibt, der ist von Gott dazu bestimmt zu sprechen, ob Mann oder Frau.«[29]

Solange er bei ihr war, brauchte Maria sich nicht vor den Aposteln zu fürchten. Sie konnte ungehindert alles sagen, was ihr der Geist eingab, auch wenn sie unverstanden blieb und beschimpft wurde. Wie damals, als sie das kostbare Salböl an Jesus verschwendete. Oder als ihr niemand glaubte, daß sie am Ostermorgen Jesus begegnet war und sie miteinander geredet hatten.

Seltsamerweise wird Maria Magdalena, deren besondere Verbundenheit mit Jesus deutlich ist, von der es sogar ein eigenes Evangelium gibt, weder in der Apostelgeschichte noch in den Briefen des Neuen Testamentes erwähnt. Warum ist sie vergessen worden? War das ein zufälliges Versehen?

Petrus, der Fels, auf den sich die christliche Kirche gründet, war anders als Jesus. Er mochte Maria nicht. Sie sagte sogar, er hasse das weibliche Geschlecht. Als er unmittelbar nach Pfingsten eine führende Rolle in der kleinen christlichen Gemeinde in Jerusalem übernahm, war von ihr schon nicht mehr die Rede, und nichts deutet darauf hin, daß er ihr, der engsten Vertrauten des Auferstandenen, die Ehren zugestanden hätte, die er für sich selbst beanspruchte.

Ich stelle mir vor, daß sie ihn damals in den Tagen und Wochen nach Pfingsten häufig kritisiert hat, wenn er sich anders verhielt, als sie es von Jesus gewohnt waren. Zum Beispiel könnte das tragische Ende von Ananias und Saphira der Grund für eine solche Auseinandersetzung gewesen sein.

Jesus hätte deren Tod nicht billigend in Kauf genommen, wie Petrus es tat. Maria wird ihm deswegen Vorhaltungen gemacht und ihn daran erinnert haben, daß Jesus niemanden in den Tod schickte, sondern vielmehr die Toten zum Leben erweckte. Er befreite die Menschen von den bösen Geistern, das wußte sie aus eigener Erfahrung, niemals hatte er jemanden wegen irgendeiner Unzulänglichkeit bestraft. Selbst für seine Mörder bat er noch um Vergebung, wieviel mehr hätte er es für das Ehepaar Ananias und Saphira getan! Sie konnte es nicht fassen, daß Petrus erbarmungslos über Menschen urteilte, die einen Verrat begangen hatten. Hatte er es nicht selbst getan?

Wie immer es auch gewesen sein mag und was immer auch die Gründe dafür waren, es ist ihm und seinen Mitbrüdern gelungen, diese unbequeme, sensible Frau zum Schweigen zu bringen. Während die Missionsreisen des Paulus veröffentlicht und seine Worte als Gottes Wort verkündigt wurden, sind das Evangelium der Maria Magdalena und ihre Missionsreisen als märchenhafte, unglaubwürdige und unbeweisbare

Geschichten dem christlichen Legendenschatz zugeordnet worden. Auch die Ortsbezeichnungen in Südfrankreich, die Ste. Maries und Ste. Madeleines, auch ihre letzte Ruhestätte im Kloster Vezelay in Burgund[30], all das ändert nichts daran, daß Maria Magdalena die erste Christin ist, deren Theologie totgeschwiegen wurde. Danach erging es unzähligen frommen Frauen ebenso wie ihr. »Wir kennen eine große Zahl heiliger Frauen, aber was sie zur geschichtlichen Entwicklung beigetragen haben, ist eine bis heute kaum gestellte und darum unbeantwortete Frage.«[31]

Was aus den tiefen Brunnenschächten der Vergangenheit zutage gefördert wird, ist zerstört, deformiert, beschmutzt und entweiht. Die mühsame Restauration weiblicher Frömmigkeit und Theologie hat zwar begonnen; aber noch ist es nicht ausgemacht, ob dadurch die Frauenfrage beantwortet wird. Viele versuchen, sie geflissentlich zu überhören. Sie fühlen sich durch den ruhestörenden Lärm belästigt und sind nicht bereit, sich an den Ausgrabungsarbeiten, die oft nur unter schweren Bedingungen stattfinden können, zu beteiligen.

Einige belächeln die eifrigen Forscherinnen und Forscher, die den Spuren der scheinbar unbedeutenden »kleinen Leute« nachgehen, zu denen paradoxerweise ja auch Theologinnen, Künstlerinnen und andere Frauen zählen, und bezeichnen sie als »Barfußhistoriker«.

Aber es gibt auch Schwestern und Brüder, die sich von der feministischen Bewegung und Theologie neue Impulse erhoffen. Sie meinen, ein frischer Luftzug täte den ehrwürdigen Kirchen gut, vielleicht vertreibe er die Müdigkeit, die sich in den Bänken breitmacht. Einige fordern sogar die Abschaffung des Patriarchats und eine grundlegende Veränderung der bestehenden Verhältnisse[32]. Über ihren Sorgen um den Fortbestand der Erde vergessen sogar Kirchenmänner ihre Angst vor dem weiblichen Geschlecht und träumen von einer Welt, in der es keine männliche Vorherrschaft mehr gibt. Vielleicht täusche ich mich, aber träumen sie nicht von schöngedeckten Tischen, abgedunkelten Schlafzimmern, fröhlichen Kinderzimmern, von einem Haus, in dem es sich nach Feierabend in Frieden leben läßt? Reden sie von Partnerschaft und träumen doch von ihrer Welt?

Ich fürchte, daß im 2. Jahrtausend nach Maria Magdalena nicht mehr daran zu denken ist, daß den Töchtern ihre christlichen Erbteile ausgehändigt werden. Und wer weiß, ob sie sie nicht ausschlagen würden? Kirchliche Ämter lassen nur wenig Spielraum für weibliche Sprache und weibliche Spiritualität. Je mehr Frauen sich ihrer Gottesebenbildlichkeit bewußt werden, desto problematischer wird für sie die einengende, einseitig männlich geprägte Hinterlassenschaft ihrer Väter und Brüder.

Damals, als es noch möglich gewesen wäre, fragte Petrus: »Sollten wir vielleicht umkehren und alle auf sie hören?«

Ja, Petrus, das hättet ihr tun sollen, denn sie war gütig, warmherzig, empfindsam, weise und begeisterungsfähig, diese Maria Magdalena. Ihre Theologie hätte der christlichen Kirche sicher nicht geschadet, und die Welt wäre durch ihre Liebe nicht ärmer geworden.

Tiberias
Dämonen

In Tiberias ließen wir uns in einem Restaurant am See den berühmten Petrifisch servieren und tranken dazu Karmelwein. Der Wind frischte auf, graue Wellen schlugen ans Ufer. Ich zog mich in eine geschützte Ecke zurück, setzte mich unter eine Palme, sah auf den See Genezareth hinaus und träumte vor mich hin.

Seit wir an Magdala vorbeigefahren waren, konnte ich nicht aufhören, an Maria Magdalena zu denken. Wer bist du wirklich gewesen, Maria? Du bist so weit weg. Und so verhüllt. Leg deinen Schleier ab. Komm herüber von Magdala, komm über das Wasser geschritten. Rede, Maria.

Aber statt ihrer tauchten dort unten am See, wo der Wind mit den Palmblättern Unsinn trieb, plötzlich seltsame Wesen auf. Sie trugen dunkle, erdverkrustete Gewänder, waren maskiert und hüllten sich in Schweigen. Wie sieben unreine Geister standen sie da, starrten mich an und nickten mit den Köpfen, wie es Blumen zu tun pflegen, wenn der Wind über sie hinwegweht.

Erst nachdem es mir gelungen war, einen von ihnen zu überreden, seine erdigen Hüllen abzulegen, stand plötzlich das Wort Dämon da. Das glänzte hellviolett und gelb und weiß. Und als es zu reden begann, da redete es von daimon, von dai, von daiesthai, von tide, zitig, zitelosa. »Rede mit mir in meiner eigenen Sprache!« unterbrach ich seine Erklärungen, woraufhin es sagte: »Zitelosa, das sind Blumen, die nicht zur rechten Zeit blühen. Das sind zum Beispiel Herbstzeitlosen und Krokusse.«[34] Seine Gefährten nickten. Als sie dann ebenfalls ihre erdbraunen Hüllen abstreiften und in ihren pastellfarbenen Gewändern vor mir standen, da zeigte es sich, daß die Dämonen alte, liebe Bekannte waren.

»Krokusse und Herbstzeitlosen seid ihr?« fragte ich überrascht. Darüber brachen sie in ein bezauberndes Gelächter aus. Als ich dann in sie drang, um zu erfahren, ob sie vielleicht etwas mit Maria Magdalena zu tun hätten, die Jesus bekanntlich von sieben Dämonen befreit hatte, da begannen sie mir seltsame Geschichten zu erzählen.

Sie redeten von Juno, der römischen Göttin, die nannten sie die Schützerin der Frauen. »Besonders während der Hochzeit und der Geburt steht Juno den Frauen bei«, sagten sie. »Unsere Mutter, die weiße Lilie, ist ihr geweiht.«

»Trug nicht auch der Engel eine weiße Lilie in der Hand, als er der Jungfrau Maria die Geburt ihres Gottessohnes ankündigte?« fragte ich sie; aber sie ließen sich nicht unterbrechen.

Sie erzählten von Medea, der Priesterin der griechischen Göttin Hekate, die auf der Insel Kolchis lebte. Vom Kolchikum, das nach ihrer Heimat benannt wird, dem Gift der Herbstzeitlose, redeten sie.

Der Krokus sprach vom wundergelben Safran, der in seiner Blütennarbe verborgen ist, und daß das Safrangelb im Mittelalter durch eine Verfügung der Obrigkeit zur Farbe des Judenvolkes erklärt wurde[35].

Ein anderer redete vom indischen Baldiran, aus dem die kostbare Narde gewonnen wird, mit der Maria Jesus salbte (Joh 12,1 ff.). Den nannte er auch Hexenkraut oder Himmelsleiter, Salomonssiegel oder Weißwurz. Er sagte, er gehöre ebenfalls zur Familie der Liliengewächse[36].

Auch die Christrose und das Adonisröschen verrieten mir ihre verwandtschaftlichen Beziehungen zu der geachteten und gefürchteten Sippe der unzeitig blühenden Blumen und redeten davon, daß ihre unterirdischen Knollen hochgiftige Substanzen enthalten[37].

Selbst das Schneeglöckchen verheimlichte mir seine Zugehörigkeit zur giftigen Amaryllisfamilie nicht, die wiederum mit der Sippe der Liliengewächse verschwägert ist[38].

Es muß der Karmelwein sein, sagte ich mir, der mir zu Kopf gestiegen ist, daß sie mir als gefährliche Dämonen erscheinen. Habe ich mich nicht Jahr um Jahr an ihren Blüten erfreut? Ich versuchte sie fortzuscheuchen wie lästige Gedanken; aber sie fragten erstaunt: »Fürchtest du dich vor unseren tiefverborgenen Kräften? Weißt du nicht, daß Juno, Medea, Maria Magdalena, Hildegard von Bingen, all die namenlosen weisen Frauen und die unzähligen Kräuterweiblein, daß sie alle um unsere Geheimnisse wußten?«

Ja, dachte ich, sie haben viel gewußt. Zum Beispiel,

daß ein Sud aus den Zwiebeln der Liliengewächse, zu denen auch der Knoblauch gehört, blutsaugendes Ungeziefer vertreibt, sei es bei Menschen oder Tieren, und daß die zartfarbenen Blumen ein tödliches Gift enthalten, das den Kühen nicht bekommt. Selbst die Kühe wissen das und rühren sie deswegen nicht an. Und längst hatten sie herausgefunden, daß dieses Gift den Schafen und Ziegen nicht schadet, wohl aber denen, die von ihrer Milch trinken[39]. Eine Handvoll bunter Blumen im Heu waren dem einen bekömmlich, und dem anderen brachten sie den Tod. Es sind nahe Verwandte, der Tod und das Leben, und die Frauen wachten über beides. Sie kannten die Dämonen bei Namen und wußten, wie unvergleichlich sanft und gefällig die sind, die in den Herzen der Pflanzen wohnen.

Vor allem liebten sie die Krokusblüte, aus der sie den Safran gewannen, den Freund der Frauen. Als krampflösendes Mittel war er unverzichtbar bei Frauenleiden und in der Geburtshilfe. Er stillte Blutungen und bewirkte sie. Er machte lustig, weckte zärtliche Gefühle, und am Ende bescherte er einen sanften Tod. Safran, das Opium der Kinder, wie es genannt wurde, ließ die Leute lachen. Wenn es dem Safran gefiel, ließ er sich die Menschen zu Tode lachen. Das war ihnen nicht unbekannt; denn mehrere durch Safran hervorgerufene Lachkrämpfe mit Todesfolge sind überliefert[40].

Und ebenso wie mit der Frucht der Krokusblüte verstanden die heilkundigen Frauen auch mit dem Kolchikum umzugehen, das in den Samenkapseln und Zwiebeln der Herbstzeitlosen verborgen ist. Sie kannten ihr Gift und ließen sich nicht von dem angenehmen Geschmack der Blumenzwiebeln verführen, wie es Uneingeweihten geschehen mochte. Schon winzige Mengen genügten, um einen Menschen zu töten; aber gut dosiert war es ein Heilmittel gegen die Gicht[41].

Mich sollte es wundern, wenn Juno, die Schützerin der Frauen, ihnen von diesem Gift, das das Wachstum der Zellen verhindert, nicht noch mehr verraten hätte. Warum auch nicht? Sie hüteten ihre Geheimnisse gut.

»Ein verschlossener Garten ist meine Schwester Braut, ein verschlossener Garten, ein versiegelter Quell. Ein Lustgarten sproßt aus dir, Granatapfelbäume, Zypernblumen, Narde, Safran, Würzrohr, Zimt, allerlei Weihrauchstauden, Myrrhe, Aloe und alle edlen Balsamgewächse« (HL 4,12f.).

Sie blühen immer noch, die unzeitigen Blumen, die Herbstzeitlosen, Krokusse, Christrosen, Narzissen, Schneeglöckchen und wie sie alle heißen. Aber eure Töchter, ihr weisen Frauen, hat man gezwungen, ihre Geheimnisse zu verraten. Die Dämonen tragen nun andere Namen. Sie wohnen nicht mehr im Gras und im Wald. Sie sitzen hinter Schloß und Riegel.

Überall dort, wo im Zeichen der Schlange geheilt wird, in den Sprechzimmern der Ärzte und in den Apothekerregalen, da erklingt ihr safrangelbes, hellviolettes, gelbweißes Lachen. Und zwischen den Buchdeckeln teilen sie einander ihre Geheimnisse mit. Ich brauchte sie nur Stück für Stück aus dem Regal zu nehmen und im Stichwortverzeichnis nachzusehen, da las ich es schwarz auf weiß, was den heilkundigen Frauen seit unvorstellbar vielen Jahren bekannt gewesen ist.

Die Dämonen, die mir in Tiberias erschienen, trugen zarte Gewänder unter ihren erdigen Hüllen. Mit ihrem Gelb und Weiß und Violett, den Blüten, Düften, Salben, Pulvern und Tinkturen, die aus ihnen gewonnen wurden, hatten sie sich mir als die daimonai der hellenistischen Zeit, als die Dämonen des frühen Mittelalters zu erkennen gegeben.

Mir leuchtete ein, daß sie den Menschen unheimlich gewesen waren, weil sie ihnen ebenso schaden wie helfen konnten, sooft sie herbeigerufen wurden. Und manche wurden sie nicht mehr los. Wenn sie sich einmal auf sie eingelassen hatten, wurden sie süchtig nach ihrer Hilfe.

Du hast Glück gehabt, Maria Magdalena, daß Jesus dich von ihnen befreite und daß dein Leben durch ihn einen neuen Sinn bekam, weil er zu dir sagte: »Mädchen, wach auf!«

Mich wundert es nicht, daß die Dämonen mir ausgerechnet in Tiberias über den Weg gelaufen sind. Wegen der warmen Schwefelquellen war Tiberias zur Zeit Jesu ein beliebter Badeort der reichen Römer aus Jerusalem. Aber die Juden mieden ihn wegen der bösen Geister, die dort hausten. Ihr Schwefelgeruch verriet ihre Anwesenheit, auch wenn niemand sie sah.

Irgendwann haben sie dann ihre Flügel ausgebreitet und sind fortgeflogen. Auch die Dämonin Agrath, jenes unheilige Wesen, das dort bei den Gräbern und in den Ruinen sein Unwesen getrieben hatte, war auf und davon[42].

Niemand brauchte sich mehr ihretwegen am Morgen die Hände zu waschen. Und die Zeit, als die Männer nachts nicht allein ausgehen mochten, weil sie Angst hatten, von ihr verführt oder krank gemacht zu werden, war vorbei. Erst als die Nachtfrauen verschwunden waren und sich dort niemand mehr zu fürchten brauchte, wurde Tiberias allmählich zum Mittelpunkt jüdischer Gelehrsamkeit.

In Tiberias ist es mir seltsam ergangen. Die Wellen, die unentwegt ans Ufer schlugen, das Geraschel der Palmen, so viele windige Gedanken, Fragen und Vermutungen in meinem Kopf, daß ich mich am Ende fragte: Hat dieser Wirrwar denn überhaupt einen Sinn?

Am Abend flimmerten die Lichter von Tiberias bunt über den See. Sie brannten die ganze Nacht. Von den Dämonen sah ich keine Spur. Ich trieb in dem tausendfältigen Duft dahin, der dort die Nächte betäubt. Als dann aber das ununterbrochene Gezirpe und Gesumme plötzlich wie auf einen Schlag verstummte, schien etwas den Atem anzuhalten. Damals muß etwas in meine Seele eingedrungen sein, eine Erinnerung, die bleibt.

Nazareth

Maria und Josef

Bibeltexte siehe S. 198

Auf der kurzen Strecke zwischen Kana und Nazareth erfuhren wir, daß der süße Wein der Araber aus Granatäpfeln gewonnen wird. Granatapfelbäume wachsen in den Gärten rings um Nazareth. Der wunderbare Wein, den die Hochzeitsgäste zu Kana tranken, wird wohl der landesübliche Granatapfelwein gewesen sein.

Im alten Israel hatte der Granatapfelbaum kultische Bedeutung. »Unter seinen Wurzeln sprudelte lebendiges Wasser. Seine Zweige symbolisierten das Himmelsgewölbe. Einst gebar die kosmische Herrin in seinem Schatten den Einen Sohn, den Heros seines Stammes. Dort feierte die Priesterin in jedem Jahr mit dem kultischen König die Heilige Hochzeit.«[43]

Welches Geheimnis mag sich hinter der Hochzeit zu Kana verbergen? Warum wollte Maria, daß sich der Wein vermehrte? Warum fragte Jesus sie: »Was mir und dir, Frau?« Oder traditionell übersetzt: »Was habe ich mit dir zu schaffen, Frau?« Warum sagte er Frau zu ihr und nicht Mutter? Wessen Hochzeit wurde gefeiert, zu der die ganze Familie Jesu eingeladen war? Wer waren die Brautleute? Ob ich eine Antwort auf meine Fragen bekommen hätte, wenn wir in Kana eingekehrt wären?

In Nazareth stiegen wir aus. Mitten in der Stadt auf dem Berg sprudelt die Marienquelle. Über den Marienbrunnen wurde im 17. Jahrhundert die St.-Gabriel-Kirche erbaut. Sie ist klein und dunkel. Ihre Wände sind mit Ikonen geschmückt, die, altersschwarz und golden, wunderbar anzusehen sind. Die St.-Gabriel-Kirche wurde auf den Ruinen einer christlichen Kirche aus dem 5. Jahrhundert errichtet[44]. Und was war davor? Die Quelle ist jedenfalls älter als das älteste Gotteshaus, und auch die Geschichte Nazareths ist älter als die sogenannte Vätergeschichte.

Bei seiner Landnahme gelang es Israel nicht, die nördlichste Landschaft Kanaans zu unterwerfen. Das kanaanäische Götterpaar Ischtar und Tammuz feierte weiterhin in der Umgebung Nazareths die Heilige Hochzeit unter dem Granatapfelbaum. Galiläa blieb dem Jahweglauben lange verschlossen. Die Juden lebten dort in der Minderheit unter den Kanaanäern.

Das sind alte Geschichten. Ich hätte mich nicht an sie erinnert, wenn uns in der dämmrigen, dumpfen Stille der St.-Gabriels-Kirche nicht ein Kallastrauß entgegengeleuchtet hätte. Aber dieser Quellblumen-, Schlangenkraut-, Drachenwurzstrauß an diesem heiligen Ort war wie eine Botschaft aus längst vergangener

Zeit. Ob die Menschen wissen, warum sie einen Kallastrauß an die Marienquelle stellen? Oder geschieht so etwas unbewußt und zufällig am richtigen Ort?

Ave Eva, Ave Maria. Ein Kallastrauß für Unsere Liebe Frau. Ebensogut hätten es Rosen oder Lilien oder Myrtenzweige sein können. Alle wären berechtigt, an dieser Quelle zu verblühen. An dem Tag, als wir dort waren, war es ein Kallastrauß. Weiße Scheiden und gelbe Kolben, Fruchtbarkeitssymbole am Ort der Verkündigung und der Empfängnis, an dem der Engel Gabriel Maria auf das Wunder vorbereitete und sie sich in aller Unschuld mit Gott vereinte. Im Kalender ist der 25. März als Tag der Empfängnis angegeben. »Schön ist, was wir sehen, schöner, was wir wissen, über alles schön, was wir nicht fassen.«[45]

Schön bist du, Himmelskönigin, Maria. Warum bist du mir, Göttin auf dem Sichelmond, so spät erschienen? Ich hätte gern in die Lieder eingestimmt, die dir zu Ehren in den Gottesdiensten gesungen werden. Vielleicht wärest du dann auch für mich eine andere Maria gewesen als die Weihnachtsfrau, die auf dem Dachboden verwahrt wird, wenn ich gläubig hätte singen dürfen: »Gegrüßet seist du, Königin, o Maria, erhabne Frau und Herrscherin, o Maria!«[46] Was könnte ich Uneingeweihte von dir erzählen, allerheiligste Gottesmutter, das nicht schon längst erzählt worden ist? Ich gestehe, daß ich im Gegensatz zu meinen marienfrommen katholischen Schwestern unwissend und ungläubig bin.

Aber als ich in Nazareth in der ehrwürdigen Kirche aus der uralten Quelle trank, da zweifelte ich wunderbarerweise nicht daran, daß ihr der Engel dort erschienen war. So etwas geschieht. Engel sind uralt und weise, sie sprechen und gebieten, damals wie heute. Sie verkünden das Unausweichliche, dem niemand entkommt. Maria hörte und glaubte und sagte ja. Und siehe, eine Jungfrau wurde schwanger, ohne von einem Mann verletzt worden zu sein.

Wer mag sie gewesen sein, die Jungfrau, die Gottesmutter, die Himmelskönigin, die in aller Welt Hochgepriesene und Verehrte, Unsere Liebe Frau? Der Legende nach wurde sie im Alter von drei Jahren in den Tempel gebracht und dort erzogen. Demnach wäre sie in Jerusalem herangewachsen und bereits als Kind auf ihre besondere Aufgabe vorbereitet worden[47]. Die einzige Frau, von der bekannt ist, daß sie im Tempel lebte, war die Prophetin Hanna. Sie war der Mittelpunkt einer Gruppe, deren Mitglieder sehnsuchtsvoll den Messias, den Retter des Gottesvolkes, erwarteten[48]. Die Ankündigung des Engels erreichte die Jungfrau demnach nicht unerwartet. Sie hatte ihre Lehrzeit beendet, sie war eine Eingeweihte und auf die Heilige Hochzeit vorbereitet.

Aber dann, Maria, als dein Sohn ein erwachsener Mann war, hast du ihn ebensowenig verstanden wie viele andere. Hattest du vergessen, was deine weise Mutter Hanna dich im Tempel lehrte, was dein weiser Lehrer Simeon zu dir sagte, als du ihm deinen Sohn zum ersten Mal in die Arme legtest? Mußte dein religionsmündiger Sohn dich daran erinnern, daß der Tempel sein Zuhause ist, wie er einmal dein Zuhause gewesen ist? Sind dir an der Seite deines Ehemannes die uralten Weissagungen allmählich in Vergessenheit geraten? Waren deine Jungmädchenträume ausgeträumt, als du das übliche Leben einer Frau und Mutter in Nazareth führtest? Hat dich dein Sohn, auf den ihr Frommen solch große Hoffnungen setztet, am Ende enttäuscht?

Wir gingen die wenigen Schritte hinüber zur Josefskapelle und statteten der Werkstatt einen Besuch ab, in der Josef der Legende nach gelebt und gearbeitet hat. Eine sehr alte Zisterne ist dort zu sehen und viele behauene Steine. Alles ist hart, grob, Wirklichkeit. Kein Kallastrauß, keine Ikonen, kein Weihrauch, kein Kerzenlicht. In diesen Räumen ist weniger geträumt als hart gearbeitet worden.

Wer war dieser Josef? Gehörte er zu den Zeloten, der jüdischen Widerstandsbewegung gegen die verhaßte Römerherrschaft? In Nazareth, abseits der großen Straße, in den Felsenhöhlen des Galiläischen Berglandes, führten die Aufständischen damals ein verhältnismäßig sicheres Leben.

Ich sah mich in seiner Werkstatt um und stellte mir vor, wie es gewesen sein mochte, als Josef, der auserwählte Mann aus dem Geschlecht Davids, seine Verlobte, die keusche Tempeljungfrau Maria, zu sich nahm. Da muß ein Leuchten aufgegangen sein in den Höhlen von Nazareth. Fast konnte ich es nachempfinden, wie groß damals die Hoffnung auf die Geburt des Kindes war, des Retters, der das Ende der Knechtschaft bewirken würde.

Und ich konnte mir auch vorstellen, daß Josef das mystische Geheimnis der Menschwerdung Gottes weder begreifen konnte noch wollte. Daß er empört war, als er hörte, Maria habe von Gott ein Kind empfangen. Als gottesfürchtiger Jude hielt er sicher nichts von den Heiligen Hochzeitsbräuchen der Heiden. Tagelang mochte er versucht haben, Maria zur Vernunft zu bringen; aber sie hörte nicht auf seine Erklärungen, sondern floh vor seinem Unverständnis und vor seiner Eifersucht zu Elisabeth ins Bergland von Judäa. Nein, er hätte die Vaterschaft niemals anerkannt, wenn ihm der Engel nicht auch erschienen wäre.

Als ich mich dann in den Straßen Nazareths umsah und mir eine ungefähre Vorstellung von dem Alltagsleben dieser christlichen Palästinenserstadt machen konnte, dachte ich: Was sind Kallasträuße und Ikonen, was ist das Wasser der Quelle und eine jahrtausendalte Erinnerung an ein Ereignis, das sich hier einmal ereignet hat, was sind die Worte des Lobgesangs der Maria, was sind die Träume einer langen Nacht gegen die laute Wirklichkeit und die ungelösten Probleme dieser Stadt!

Die Ebene Jesreel

Das blutflüssige Tal

Bibeltexte siehe S. 200

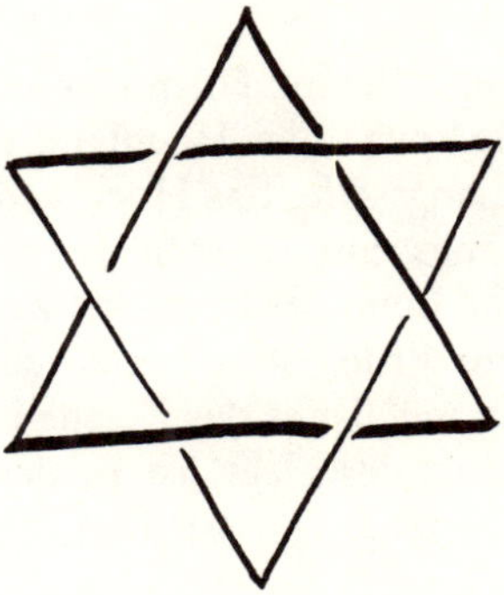

Irgendwann habe ich einmal eine Stimme gehört, die sagte: »Komm in das Tal der Frauen. Vergiß die Angst vorm Fliegen, auch die Strapazen einer weiten Reise. Mach dich auf in die Ebene Jesreel.«

Daran erinnerte ich mich, als wir von Nazareth aus in das große Tal hinuntersahen. Die Jesreel-Ebene ist die Kornkammer des Landes. Die üppig grünen Felder sind Beweise ihrer Fruchtbarkeit. Mitten hindurch schlängelt sich ein Flüßchen. Das ist der Bach Kischon, der sich seit alters an Menschenblut betrunken hat.

Die blumenbunten Berghänge sind übersät von

schwarzem Lavagestein. Ich versuchte mir vorzustellen, wie es aussah, als das feurigrote Blut unaufhörlich aus der Erde hervorquoll, wie es allmählich erkaltete, erstarrte und in den Falten ihres bunten Kleides haftenblieb als schwarze Gesteinsbrocken.

Ja, die Erde von Jesreel ist vollgesogen mit Blut. Mit Frauenblut und Männerblut. Kinder wurden gezeugt und geboren, und Schlachten wurden geschlagen in dieser fruchtbaren Ebene, die zugleich eine uralte Kampfstätte gewesen ist. Und immer noch empfängt und gebiert die Erde hier maßloser als anderswo im Land.

Das Tal hat ungefähr die Form eines Dreiecks. Der Karmel bildet die Spitze, das Hochland von Samarien ist die südliche Längsseite, das Hochland von Galiläa die nördliche Längsseite, und die Berge von Gilboa bilden die östliche Linie des Dreiecks. Zeigt die Spitze eines Dreiecks zur Erde, ist es das Zeichen der Frau; zeigt sie zum Himmel, ist es das Zeichen des Mannes; werden sie aufeinandergelegt, ist es der sechseckige Stern, der Davidsstern. Der ist älter, als sein Name vermuten läßt.

In Megiddo stiegen wir aus. Der enge Gang, der zur Quelle hinunterführt, ist feucht, die Stufen sind schlüpfrig. Einhundertvierundachtzig Stufen sind wir hinuntergestiegen, bis wir die Quelle erreichten. Archäologen haben herausgefunden, daß der Hügel von Megiddo aus zwanzig übereinandergebauten Städten besteht. Megiddo, das ist eine unendlich lange Geschichte von Leben und Tod. Sie endete zur Zeit des Propheten Joel, etwa 400 v. Chr.[49]. Seitdem wuchs Gras über den Tel Megiddo wie über ein Grab.

Von der Quelle aus bin ich noch einmal über den Hügel gegangen, vorbei an den steinernen Zeugen, den Lebenszeichen, Merkmalen, Beweisstücken vieler Epochen. Ich wollte alles sehen und berühren und mich dabei in die vieltausendjährige Vergangenheit Megiddos zurückversetzen.

Vor dem kanaanäischen Kultplatz blieb ich stehen. Sieben Stufen führen auf eine gepflasterte Plattform. Sieben breite, flache Steinstufen. Erst traute ich meinen Augen nicht; aber dann sah ich sie ganz deutlich vor mir, die Frauen in ihren roten Gewändern, die Altberühmten aus dem blutflüssigen Tal. Sie zeigen sich nur denen, die sie lieben. Ehrerbietig verneigte ich mich vor ihnen.

Auf der untersten Stufe erkannte ich Dina, die geschändete Tochter Leas (Gen 34,1–26). Sie sah aus wie die Prinzessin im Märchen: Weiß wie Schnee, rot wie Blut, schwarz wie Ebenholz. Als Sichem ihr Gewalt antat, tropfte ihr Blut auf die Erde. Aber Ströme von Blut flossen, als ihre Brüder Rache nahmen, Blutrache. Daran wollte sie erinnern. Darum war sie nach Megiddo herübergekommen, damit nicht vergessen wird, womit es einmal begonnen hat: mit dem Unschuldsblut einer schuldlosen Frau. Der Pflug hatte die Erde aufgerissen, der Same wurde ausgestreut, und die Saat der Gewalt ging auf in der Ebene Jesreel.

Auf der zweiten Stufe erkannte ich Debora und Jael (Ri 4). Debora, die Richterin und Prophetin, Mutter in Israel; und Jael, die unerschrockene Fürstin. Als die Könige Kanaans an den Wassern Megiddos kämpften, errangen Debora und Jael den Sieg. »Und der Bach Kischon, der altberühmte Schlachtenbach, schwemmte die toten Feinde fort.« Ihre Siegeslieder klangen durch das Tal. Und das Blut der Erschlagenen bewässerte das Land, als sie, zwei Frauen aus dem Geschlecht der Priesterinnen und Amazonen, den Krieg beendeten und ihrem Land Frieden bescherten.

Auf der dritten Stufe saß die Weise. Sie war das kurze Stück von En Dor herübergekommen. An ihrem Kleid klebte kein fremdes Blut, und ihr eigenes war versiegt. Sie war die Herrin der Toten. Einst hatte Saul sie verfolgt und aus seinem Reich verbannt. Doch als sein Ende nahte, lag der geschlagene Held ohnmächtig in ihren Armen. Bevor er zu seiner letzten Reise aufbrach, bereitete sie ihm das Mahl. Wenige Augenblicke nur waren sie sich nahe gewesen, aber lange genug, um die Weise von En Dor vor dem Vergessen zu bewahren.

Auf der nächsten Stufe saßen drei Frauen. Ihre Namen waren Ahinoam, Abigail und Abischag. Ich wunderte mich nicht, daß sie hierhergekommen waren, denn in die Heimat, von der wir einmal aufgebrochen sind, kehren wir alle zurück.

Es waren Ahinoam aus Jesreel, die erste Frau Davids, die ihn von Anfang an begleitete; Abigail aus Karmel, die Frau des Nabal, die die Verantwortung für den jungen David und seine Gefolgsleute übernahm; und Abischag, das Mädchen aus Schumen, das dem alten König ins Bett gelegt wurde, um ihm die Todeskälte zu vertreiben.

Diese drei waren wie Zweige am uralten Stamm, die abstarben, zerbrachen und liegenblieben. Wie Feuerholz waren sie in der Ebene Jesreel.

Auf der fünften Stufe erkannte ich Isebel und Judith. Isebel hielt ein Kind im Arm, ihre Tochter Atalja, die spätere Regentin, die einzige regierende Königin des Volkes Israel. Isebel, Königstochter aus Sidon, Königin an der Seite Ahabs. Die Berichte ihrer Feinde triefen von Haß. Das ist der Beweis dafür, daß sie mächtiger gewesen ist als sie.

Trauert mit mir, Schwestern, um Isebel, die ihren feigen Mörder empfing wie eine geschmückte Braut. Ihre Feinde wollten sie auf ewig vernichten. Sie sagten: »Der Leib Isebels soll wie Dünger über das Feld Jesreel verstreut werden, damit niemand mehr sagen kann: Seht, das ist Isebel!« (2 Kö 9,30ff.)

Ja, auf ewig ist sie vereint mit diesem Tal. Ihr Leib ist die Erde, ihr Blut ist das Wasser, und ihre Tränen sind die Tautropfen in der Ebene Jesreel.

Neben ihr saß Judith. Gepriesen werde ihr Name! Mit ihrer treuen Sklavin war sie von Betulia aus in die Ebene hinabgestiegen und in das feindliche Lager eingedrungen. Dem gefürchteten, mächtigen Feldherrn verdrehte sie den Kopf, zog sein Schwert aus der Scheide und tötete den Unbesiegbaren.

Klug warst du, Judith, edel und grausam. Doch dir ist das Lob der Frommen gewiß. Dich, Judith von Betulia, verflucht und verurteilt niemand. Eine, die den Feind besiegt, ist hoch zu preisen. »Gesegnet bist du, o Tochter, von Gott dem Allerhöchsten, mehr als alle Frauen auf Erden.«[50]

Auf der sechsten Stufe saß eine Frau im Witwenkleid mit ihrem toten Sohn. Das war die Pieta von Nain. Eine Mutter trägt ihren toten Sohn im Schoß, dieses Bild hat sich den Menschen eingeprägt wie kein anderes. O Traurigkeit, o Herzeleid. Hier in diesem blutfüssigen Tal, in dieser Ebene, in der ungezählte Männer gegeneinander kämpften und getötet wurden, hier sitzt eine Mutter auf dem Schlacht-Feld, auf den Altarstufen von Megiddo, und glaubt an das Leben.

Sie, die Christin, hat sich zu ihren Schwestern gesetzt und erzählt ihnen von einem, der anders war als die Könige und Propheten ihrer Tage. Sanft und mitleidig war er, ein Held, der sich gegen den Tod entschied, der das sinnlose Sterben nicht wollte. Zu ihrem Sohn sagte er: »Ich befehle dir zu leben!« Er riß ihn nicht aus ihren Armen, er forderte sein Leben nicht für seinen eigenen Sieg, er gab ihn seiner Mutter wieder. Damals, als aus dem Tod das Leben hervorbrach, da wurde ein Zeichen der Hoffnung gesetzt in der Ebene Jesreel.

Auf der siebten Stufe sah ich eine Frau im blutroten

Kleid. Wer kennt sie nicht, die Frau, deren Mädchenträume ausgeträumt sind, die sich in sich selbst zurückzieht, sich verschließt, deren Leben sinnlos verrinnt, Tropfen für Tropfen?

Im zwölften Jahr ihrer Verzweiflung begegnete ihr Jesus. Als die Leute zu ihm gingen, weil ein Kind krank war, ein Mädchen, damit er es heilen sollte, da war sie mitgegangen. Sie hatte ihre Hand nach ihm ausgestreckt und sein Gewand berührt. Niemand hatte es gesehen; aber ihre schüchterne Geste war bei ihm angekommen. »Wer hat mich berührt?« fragte er, und sie fühlte, wie ihr das Blut in den Kopf stieg.

Er nannte sie »meine Tochter«. Was hätte sie darum gegeben, wenn er gesagt hätte: »meine Geliebte«. Er sagte: »Dein Glaube hat dir geholfen.« Und lieber hätte sie gehört: »Ich habe dir geholfen«, denn davon hätte sie zehren können. Er wies sie auf ihre eigene Kraft zurück, und sie wußte, daß es besser war.

Als ich sie mir alle in Ruhe angesehen hatte, erhoben sich die Frauen von den Altarstufen, begaben sich auf die gepflasterte Plattform und winkten. Ich stieg die sieben Stufen zu ihnen hinauf, spürte das Blut in meinen Adern pochen, als der Tanz begann. Wir tanzten einen stampfenden, rhythmischen Tanz auf dem uralten Altar, so daß die Erde unter unseren Füßen erbebte.

Da rief eine Stimme: »Es ist genug Blut geflossen in der großen Ebene!« Wir antworteten: »Ja!« Danach wurde unser Tanz leicht, als schwebten wir über der Erde.

Da erklang eine Stimme, die rief: »Frieden für Israel!« Wir antworteten: »Ja, Israel lebe!«

Aber eine andere Stimme rief laut: »Nieder mit Israel!« Da wurde es totenstill auf dem Altar. Als ich mich umsah, war ich allein. Alle waren verschwunden, als hätte sie die Erde verschluckt, diese vielfach übereinandergeschichtete Erde von Megiddo, ihr sicheres Versteck.

Wisch dir die Augen aus, bevor du weiterfährst, sagte ich mir. Aber die Bilder, die ich gesehen hatte, ließen sich dadurch nicht vertreiben. Und in meiner Erinnerung sehe ich das üppige Grün im Tal Jesreel immer noch wie in ein warmes Rot getaucht.

Westjordanland

Die Frau am Jakobsbrunnen

Bibeltexte siehe S. 206

Über die Straße wehte trockener Sand. Die kahlen, sandfarbenen Berge rechts und links der Jordansenke vermittelten das Gefühl von Ewigkeit. Von Ewigkeit zu Ewigkeit fuhren wir dahin. Wolken zogen langsam, unmerklich langsam über das wüste Gebirge. In den Tälern erweckten ihre Schatten den Anschein dunkler Wälder. Eine grandiose Vorspiegelung falscher Tatsachen.

Der Jordan ist die Grenze zwischen Israel und Jordanien. Der endlose Stacheldrahtzaun entlang der Straße machte uns diese unüberwindbare Grenze bewußt, auch wenn wir den Jordan in seinem tiefen Bett nicht sehen konnten. Eine andere, eine unsichtbare Grenze verläuft kreuz und quer durch das Westjordanland. Sie trennt die Menschen voneinander und macht sie zu Feinden.

Wir näherten uns der Abzweigung nach Nablus, dem ehemaligen Sichem. Ich hätte gern der Frau am Jakobsbrunnen einen Besuch abgestattet; aber es war nicht ratsam, sich länger als notwendig in dem zur Zeit besonders unsicheren Gebiet aufzuhalten.

Kaum hatte ich mich in das Unvermeidbare gefügt und auf einen Abstecher zum Brunnen verzichtet, als uns eine Reifenpanne zum Halten zwang. Ehe wir uns versahen, standen wir mitsamt unserem Reisegepäck am Straßenrand. Als der Motor abgestellt war, hatte sich plötzlich alles verändert.

Von unserem unfreiwilligen Aufenthalt führte ein breiter Weg in das samaritanische Gebirge hinein, dem folgte ich. Als ich der lauten Straße den Rücken gekehrt hatte, fühlte ich mich angesichts der Wolken, der sandfarbenen Berge, der ungewohnten Stille in die Vergangenheit zurückversetzt. Es kam mir so vor, als habe sich die Zeit mit diesem Teil der Erde vereint und ich sei eines der Geschöpfe, die aus dieser Verbindung hervorgegangen sind – eine Handvoll Sand, irgendein graugrünes Gewächs, ein warmer Stein oder einfach nur das fremdartige Licht über den jordanischen Bergen. Mir war, als könnte ich mühelos in diese Landschaft einsinken.

Irgendwo am Ende des Weges lag Nablus und der Jakobsbrunnen in der Nähe der Stadt. Im 4. Jahrhundert wurde eine Kirche über den Brunnen gebaut[51]. Aber in meiner Phantasie war der offene Himmel sein Dach, und die Wolken zogen darüber hin. So wie damals, als sich eine Frau zu ihm auf den Weg machte.

Wie kam sie darauf, um zwölf Uhr mittags ihr angenehm kühles Haus zu verlassen und sich der Hitze auszusetzen, die vor der Tür auf der Lauer lag wie ein hungriges Tier, das sie anfiel, sobald sie den Schatten verließ, dieser Mittagsdrache, der ihr seinen feurigen Atem ins Gesicht blies, daß ihre Augen brannten und ihre Haut sich rötete? Warum ist sie nicht am Morgen oder am Abend zum Brunnen gegangen, wie es seit Urmütterzeiten Sitte war?

Sie ging zum Brunnen, wann es ihr paßte. Und wenn sie allein sein wollte, dann ging sie, wenn die anderen schliefen, sei es mittags oder nachts. Sie erfrischte sich dann, ruhte sich ein wenig unter dem Eichbaum aus und sang auf dem Nachhauseweg vor sich hin, um sich die Langeweile zu vertreiben.

Als sie an diesem Mittag zum Brunnenplatz kam, saß dort ein Mann im Schatten unter dem Baum. Wie angewurzelt blieb sie stehen. Was sollte das bedeuten? Warum saß er hier um zwölf Uhr mittags mutterseelenallein am Brunnen?

Am liebsten hätte sie auf der Stelle kehrtgemacht. Aber sie wollte wenigstens Wasser mit nach Hause nehmen, wenn sie nun schon einmal hier war, darum ging sie weiter. Sie tat so, als sei er Luft; aber er sagte freundlich: »Schalom.« Sie erwiderte: »Salam.« Daran erkannten sie einander als einen Juden und eine Samaritanerin.

Sie befestigte das Brunnenseil an ihrer Kanne, ließ sie in die Tiefe hinunter, tauchte sie mit einem geschickten Ruck ins Wasser und zog sie wieder herauf, ohne einen Tropfen zu verschütten. Dann füllte sie ihren Becher und trank.

»Gib mir auch zu trinken«, bat der Fremde. Sie sah ihn abschätzend an. Er schien ein Rabbi zu sein; aber er war ohne Begleitung.

Es war nicht schwer, ihre Blicke zu deuten. »Meine Freunde sind einkaufen gegangen«, erklärte er ihr,

»ich warte hier auf sie. Ich bin froh, daß du gekommen bist. Es ist sehr heiß, und ich bin durstig. Gib mir bitte einen Becher Wasser aus deiner Kanne.«

»Es kommt nicht oft vor, daß ein Jude eine Samaritanerin um etwas bittet«, bemerkte sie und dachte: Einem durstigen Juden fällt es nicht schwer, freundlich zu meinesgleichen zu sein.

Er sah sie nachdenklich an. »Wenn du wüßtest, wer ich bin«, sagte er, »dann würdest du mich bitten, und ich würde dir lebendiges, fließendes Quellwasser anbieten.«

Das hätte er nicht sagen sollen! Möge er doch ersticken an seiner Arroganz! »Verehrter Rabbi«, sagte sie spöttisch, »wie ich sehe, hast du kein Schöpfgefäß bei dir, und der Brunnen ist mindestens zweiunddreißig Meter tief, woher willst du also das Wasser nehmen, das frischer sein soll als das Wasser aus diesem Brunnen?«

Er gab ihr keine Antwort, sondern sah sie nur lächelnd an. Das machte sie wütend. »Bildest du dir etwa ein, du wärest größer als unser Vater Jakob, der uns diesen Brunnen gegraben hat?« fragte sie. »Er selbst hat daraus getrunken, seine Familie und sein Vieh. Für uns ist dieses Wasser geheiligt durch die Tradition. Das Wasser aus dem Jakobsbrunnen ist kein gewöhnliches Wasser, das sollte ich dir eigentlich nicht erklären müssen, Rabbi.«

Unbeeindruckt von ihren ärgerlichen Worten bat er: »Gibst du mir jetzt ein wenig Wasser aus diesem altehrwürdigen Brunnen, aus dem schon so viele Generationen Menschen und Tiere getrunken haben?«

Wortlos füllte sie seinen Becher bis an den Rand. Während sie die Kanne erneut in den Brunnen hinunterließ, sagte der Rabbi: »Wer von diesem Wasser trinkt, wird wieder Durst bekommen. Wer aber von dem Wasser trinkt, das ich ihm geben werde, wird niemals mehr Durst haben.« Ihre spöttischen Blicke ließen ihn unberührt. »Im Gegenteil«, sagte er, »das Wasser, das ich den Menschen gebe, wird zu einer sprudelnden Quelle, die bis in Ewigkeit nicht versiegt.«

Mit einem Schwung setzte sie sich die gefüllte Kanne auf den Kopf. Sie wandte sich um, stand aufrecht vor ihm mit ihrer Last und sagte: »Rabbi, gib mir dieses Wasser, von dem du redest, damit ich keinen Durst mehr habe und nicht mehr hierherkommen muß, um Wasser zu schöpfen!« Es war nicht zu überhören, daß sie ihm kein Wort geglaubt hatte.

Der Rabbi freute sich über ihre Schlagfertigkeit. Er liebte selbstbewußte, kluge Frauen. Diese Samaritanerin hatte viel Ähnlichkeit mit seiner Freundin Martha von Bethanien, die ihm auch selten eine Antwort schuldig blieb. Er ging auf ihre spöttische Bemerkung ein. »Geh, ruf deinen Mann und komm wieder her«, sagte er.

Sie hatte sich schon von ihm abgewandt und den Heimweg angetreten. »Ich habe keinen Mann«, sagte sie über die Schulter und dachte: Laß mich doch in Ruhe mit deinem Gerede!

»Ja, richtig«, hörte sie ihn sagen, »du hast ja gar keinen Mann. Du hast fünf Männer gehabt, und mit dem, der jetzt bei dir lebt, bist du auch nicht verheiratet. Du bist eine ehrliche Frau, du sagst die Wahrheit, das finde ich gut.«

Sie war überrascht stehengeblieben, hatte sich umgedreht, die Kanne abgesetzt und kam zögernd zurück. »Du hast fünf Männer gehabt«, hatte er gesagt, und nicht: »Dich haben fünf Männer gehabt.« Das hatte sie deutlich gehört. Kannte er sie so genau? Sie lehnte sich an den Brunnen und ließ ihn nicht aus den Augen. »Rabbi, ich sehe, daß du ein Prophet bist«, sagte sie mit ehrfürchtigem Staunen.

Er erhob sich und trat zu ihr. Plötzlich war alles anders. Vergessen waren Ironie und Neckerei. Plötzlich hatte sie Vertrauen zu diesem seltsamen fremden Juden. Sie, eine Frau aus Samarien, auf die seine Landsleute verächtlich herabsahen, hatte sich schon oft Gedanken über den Grund ihrer Ablehnung gemacht. Nun war da dieser Weise, ein Prophet, dem tiefere Einblicke in die göttliche Weisheit gegeben waren als anderen Menschen. Mit ihm wollte sie darüber reden.

Sie sagte: »Meine Vorfahren haben auf dem heiligen Berg Garizim zu Gott gebetet, und deine Vorfahren haben behauptet, Jerusalem sei der Ort, wo man Gott anbetet. Ist es nicht unsinnig, daß wir uns gegenseitig verachten, weil wir uns nicht einig sind, auf welche Weise und an welchem Ort wir zu Gott beten?«

Jesus war es gewohnt, in Diskussionen verwickelt zu werden. Oft waren es Fangfragen, die er durchschaute und auf die er entsprechend reagierte. Aber zu ihr sagte er: »Glaube mir, Frau, das Himmelreich ist mitten in uns (Lk 17,20). Und eines Tages wird Gott weder auf eurem heiligen Berg Garizim noch in unsrem heiligen Tempel in Jerusalem angebetet werden, sondern im Geist und in der Wahrheit. Die Gläubigen werden Gottes Geist empfangen und die Wahrheit erkennen.« Und er fügte hinzu: »Das, was kommen wird, hat bereits begonnen.«

»Ich habe davon gehört«, sagte sie, »daß der Messias erschienen sein soll und solche Gedanken verbreitet.«

Da gab der Rabbi seine vorsichtige Zurückhaltung auf und bekannte ihr: »Ich bin der Messias.« Sie starrte ihn an wie eine Erscheinung. Keinen Augenblick zweifelte sie daran, daß er die Wahrheit sagte.

Wie gern hätte sie sich mit ihm über seinen Auftrag unterhalten; aber ausgerechnet in diesem Augenblick trafen die Jünger mit ihren Eßwaren am Brunnen ein.

Ahnungslos platzten sie in das Gespräch und zerrissen die Fäden, die dort gesponnen worden waren. Wie angewurzelt blieben sie stehen und starrten auf das Paar am Brunnen.

Doch irgend etwas schien sie daran zu hindern, sofort in ihrer verständnislosen Art dazwischenzufahren. Statt die Frau zu fragen: »Was willst du von ihm?« und Jesus: »Was redest du mit ihr?« sagten sie ausnahmsweise einmal nichts. Aber die Frau hatte den Brunnenplatz bereits verlassen. Ihren gefüllten Wasserkrug vergaß sie mitzunehmen in der Eile.

Dieser zurückgelassene Krug wäre allein schon ein unübersehbarer Hinweis auf das Außerordentliche gewesen, das sich am Jakobsbrunnen zugetragen haben muß; denn keine Frau geht um zwölf Uhr mittags zum Brunnen, läßt ihren gefüllten Krug dort stehen und läuft atemlos ins Dorf zurück, wenn sich nicht etwas sehr Ungewöhnliches ereignet hat.

Der kleine Ort Sychar war inzwischen aus seiner Mittagsruhe erwacht. Den Männern, die auf dem Dorfplatz ihren Tee tranken, rief sie zu: »Kommt zum Brunnen! Da ist ein Mann, der mich kennt, ohne daß ich ihm etwas von mir erzählt habe. Ich glaube, es ist der Messias!«

Froh über die Unterbrechung ihres dörflichen Einerleis, machten sie sich sogleich auf den Weg, um sich den Fremden anzusehen. Am Jakobsbrunnen fanden sie ihn und seine Begleiter, unterhielten sich mit ihnen und luden sie in ihre Häuser ein. Zwei Tage lang waren die Fremden zu Gast im Dorf. Dann zogen sie weiter.

Wie gut kann ich mich in die Frau hineinversetzen, in ihren anfänglichen Ärger, in ihr Mißtrauen, ihre Wißbegier, ihre Begeisterung. So eilig wie sie wäre ich auch zu meinen Leuten gelaufen. Und den Wasserkrug hätte ich wahrscheinlich auch am Brunnen vergessen.

Und auf der Stelle hätte ich ihnen mein großes Erlebnis erzählt, ob sie es hören wollten oder nicht. Immer wieder hätte ich gesagt: »Stellt euch vor, er hat es *mir* gesagt, mir ganz allein!« Und vielleicht hätten sie es mir ohne weiteres geglaubt und wären sofort zu ihm hingegangen und hätten ihn in unser Dorf gebeten und mit ihm geredet und tagelang diskutiert, bis er sich schließlich verabschiedet hätte.

Erschrocken fuhr ich aus meinen Gedanken auf, als ich das Signal für unsere Weiterfahrt hörte. Während ich den Weg zurückging, überlegte ich, wie ich wohl damit umgegangen wäre, wenn sie mein Erlebnis später abgewertet hätten mit ihrer Behauptung, sie wären ganz allein darauf gekommen, daß dieser galiläische Jude der erwartete Messias sei. »Wir glauben doch nicht an ihn, weil du es uns verkündet hast«, sagten sie, »sondern weil wir ihn selbst erlebt haben, wissen wir, er ist wirklich der Retter der Welt.« Konnten sie es nicht aushalten, daß Christus sich zuerst einer Frau geoffenbart hatte?

Als ich mich nach einem Stein bückte, den ich zur Erinnerung an diesen Weg mitnehmen wollte, passierte mir etwas Eigenartiges. Für den Bruchteil eines Augenblicks hatte ich eine Erscheinung.

Ich sah einige Araber dasitzen in ihren weißen Burnussen, hörte das eilige Trippeln schwarzgekleideter Juden und sah ihre Schläfenlocken auf- und abwippen, und noch andere Männer, bärtige Lehrer und Priester in ihrem Ornat, wie sie versuchten, eine Frau an den Rand zu drängen, die eine Priesterin war. Sie kam zum Brunnen, um in der Mitte des Tages ihre rituellen Waschungen zu vollziehen und frisches Wasser zu schöpfen für ihren Dienst am Altar. Sie entrissen ihr den geweihten Krug und zerschmetterten ihn an einer Eiche. Das Wasser versickerte in der Erde, und die Scherben verletzten den Baum. Ich hörte das hämische

Gelächter und sah das Entsetzen in den Augen der Priesterin.

Als ich mich wieder aufrichtete, war das Bild verschwunden. Weit und breit war nichts zu sehen. Nur Sand und Steine und Sonnenschein. Aber seit diesem Moment glaubte ich, die Geschichte von der Frau am Jakobsbrunnen erst richtig verstanden zu haben.

Jericho

Bei Zachäus

Bibeltexte siehe S. 208

Neben der Straße tauchten ab und zu Schafherden auf, die sich kaum von dem sandfarbenen Hintergrund mit seinen dunklen Höhlen unterschieden. Wir fuhren an schwarzen Beduinenzelten vorbei, die mit graugrünen Militärplanen abgedeckt waren.

Die Sonne stand schon tief, bald würde es dunkel sein und unheimlich in der Steppe von Jericho. Wir spürten die Nähe des Toten Meeres, bevor wir es plötzlich in der Ferne aufblinken sahen. Still glänzend lag es da mit seinen nackten Ufern, den kahlen Bergen im Hintergrund, von Wüste umgeben. So sehen Traumbilder aus, dachte ich. Aber es war Wirklichkeit.

Kurz darauf erreichten wir die Oase Jericho, die grüne Palmenstadt mitten in der Wüste. Wir kehrten in ein arabisches Kaffeehaus gegenüber der Ausgrabungsstätte ein. Der Wirt gab unsere Bestellungen in eine unsichtbare Küche weiter. Seine ebenfalls unsichtbaren dienstbaren Geister reichten ihm bald darauf ein Tablett mit dampfenden Mokkaschälchen, die er uns würdevoll servierte. Der süße, kardamomgewürzte Kaffee schmeckte vorzüglich. Mich inspirierte er zu der Phantasie, dieses Lokal als die Zollstube des Oberzöllners Zachäus anzusehen.

Der Maulbeerbaum vor dem Kaffeehaus, der Bach neben der Straße, das geduldige Kamel am Gartenzaun, die Kinder und Händler, die ihre Waren anpriesen, die hohen Palmen – allzuviel schien sich hier nicht geändert zu haben, seitdem Jesus bei Zachäus, dem Oberzöllner, eingekehrt war.

Der kleine Herr Oberzöllner Zachäus, geschäftstüchtiger Untertan der damaligen Besatzungsmacht, war eilig von seinem Ausguck im Maulbeerfeigenbaum herabgestiegen, hatte die Sitzkissen zurechtgerückt, seine Sklavin an den Bach geschickt, um seinen unverhofften Gästen frisches, sauberes Wasser für ihre müden Füße zu reichen, hatte seine Frau angewiesen, so rasch wie möglich eine gute Mahlzeit zuzubereiten, und konnte es trotz allem immer noch nicht glauben, daß der berühmte Rabbi mit seiner Begleitung ausgerechnet in seinem Haus eingekehrt war.

Kaum hatten die Gäste Platz genommen, nachdem sie sich notdürftig vom Reisestaub gereinigt hatten, da wurden auch schon die Speisen hereingetragen: dampfende Fladenbrote, frischer Kräutersalat, Kichererbsenmus, Granatapfelwein, eingelegte Feigen, um nur einige der Köstlichkeiten zu nennen, die den Gästen aufgetischt wurden.

Als die Mahlzeit beendet war, sagte der Rabbi zu

denen, die immer noch nicht aufhören konnten, sich darüber zu wundern, daß er ausgerechnet im Zollhaus von Jericho Station gemacht hatte: »Ich bin dazu da, das Verlorene zu suchen und zu retten, unter anderem auch den Oberzöllner Zachäus.«

Satt und zufrieden lagen sie auf ihren Kissen, entspannt nach der langen Wanderung. Der Rabbi sagte: »Ich will euch eine Geschichte erzählen.« Sie rückten zusammen, damit sich Zachäus, seine Frau mit den Kindern und auch die Sklavin zu ihnen setzen konnten.

»In einer Stadt lebte ein Richter, der Gott nicht fürchtete und auf keinen Menschen Rücksicht nahm«, begann Jesus. »In der gleichen Stadt lebte auch eine Witwe, die immer wieder zu ihm kam und sagte: ›Verschaff mir Recht gegen meinen Feind!‹ Lange wollte er nichts davon wissen. Dann aber sagte er sich: Ich fürchte zwar Gott nicht und nehme auch auf keinen Menschen Rücksicht; trotzdem will ich dieser Frau zu ihrem Recht verhelfen, denn sie läßt mich nicht in Ruhe. Sonst kommt sie am Ende noch und schlägt mir ins Gesicht.«

Der Rabbi schwieg. Niemand sagte etwas. Es war so still im Raum, daß das Summen einer Fliege deutlich zu hören war. »Habt ihr verstanden, was sich der ungerechte Richter sagte?« fragte er. Sie nickten mit dem Kopf. Ja, verstanden hatten sie es; aber was wollte er damit sagen? Meinte er etwa im Ernst, daß dieser Richter, der ja mit allen Wassern gewaschen schien, vor einer Frau kapitulieren würde? Das hielten sie für unmöglich. Aber wenn er sagen wollte, Gott sei der Richter, dann verstanden sie ihn noch weniger. Käme denn eine Frau auf den Gedanken, Gott ins Gesicht zu schlagen, um ihr Recht zu fordern? Und wenn dieses Ungeheuerliche eintreten sollte, würde Gott sich solch eine Behandlung bestimmt nicht gefallen lassen, schon gar nicht von einer Frau.

Zachäus grübelte über den Sinn dieser Geschichte nach wie alle anderen im Raum. Plötzlich kam ihm der Gedanke, der Rabbi habe ihn damit auf seine kleinen Nebengeschäfte ansprechen wollen. »Ich bin bereit«, erklärte er seinen verwunderten Gästen, »die Hälfte meines Vermögens den Armen zu geben. Und wenn ich von jemand zuviel gefordert haben sollte, dann gebe ich es ihm vierfach zurück. Das verspreche ich.«

In der Tür standen zwei Gelehrte der örtlichen Prophetenschule, die es vorzogen, das Haus des Oberzöllners nicht zu betreten. Schon während der Erzählung des fremden Rabbi hatten sie bedenklich ihre Köpfe geschüttelt. Als aber Zachäus seine Versprechungen machte, begannen sie zu lachen. »Dein Wort in Gottes Ohr, Zachäus«, spotteten sie. »Glaubst du, du könntest dich dadurch rechtfertigen?«

Zachäus schämte sich. Er überlegte, was er ihnen antworten sollte. Aber bevor ihm etwas eingefallen war, sagte der Rabbi: »Ich werde euch noch eine Geschichte erzählen.« Und er erzählte ihnen die Geschichte vom Pharisäer und Zöllner; daß der Pharisäer gesagt hatte: »Gott, ich danke dir, daß ich nicht bin wie dieser Zöllner«, und der Zöllner nicht wagte, die Augen zum Himmel zu erheben, weil er sich seiner Schuld bewußt war. »Ich sage euch«, sagte Jesus nachdrücklich, »der Zöllner ging als Gerechter nach Hause.«

Diese Geschichte hatten alle sehr gut verstanden. Zachäus verneigte sich in tiefer Dankbarkeit vor seinem Gast. Die beiden Gelehrten verließen kopfschüttelnd ihren Platz an der Tür.

Was sonst noch geredet wurde in der Kaffeestube, weiß ich nicht. Als wir unseren Mokka getrunken hatten, wurde es Zeit für uns, die Ausgrabungsstätte auf der gegenüberliegenden Straßenseite aufzusuchen.

Auf dem Weg dorthin dachte ich darüber nach, daß die Frauen sehr gut wegkommen in den Jesusgeschichten. Eine Frau schlägt einem Richter fast ins Gesicht und kommt deswegen zu ihrem Recht. Daß Jesus diese Geschichte erzählte und daß sie in der Bibel steht, erstaunte mich. Wo blieb denn die Demut, die vielgepriesene Duldsamkeit, der Gehorsam vor der Obrigkeit, die christliche Bescheidenheit bei dieser Frau? Was für ein Frauenbild hatte Jesus eigentlich, daß er diese resolute, emanzipierte Frau als positives Beispiel anführte?

Während meiner Überlegungen hatten wir die Ausgrabungen erreicht und standen ergriffen vor den Zeugen einer achttausendjährigen Vergangenheit. Diese Mauern von Jericho hatten den Angreifern nicht standgehalten. Nur wenige Einwohner überlebten die Eroberung ihrer Stadt. Damals hatte Rahab es verstanden, sich und ihre Familie in Sicherheit zu bringen. Rahab von Jericho. Ein wenig von ihr hat die Zeit überdauert. Ein wenig mehr als eine Erinnerung; denn Rahabs Haus war in der Mauer, und deren Steine sind Wirklichkeit geblieben.

Später, zur Zeit der Königin Isebel, wurde Jericho wieder aufgebaut. Der Baumeister war Hiel aus Bet-El. Seinen erstgeborenen Sohn, Abiram, begrub er unter den Fundamenten der neuen Stadtmauer. Seinen jüngsten Sohn, Segub, begrub er unter dem Tor (1 Kö 16,34). Sie waren der Preis für seine Hoffnung, das Opfer für die Sicherheit der Stadt und ihrer Bewohner.

Herodes der Große ließ sich in Jericho seine Winterresidenz errichten. Die Beschreibungen der fantastischen Gärten, Bäder, Theater lesen sich wie Märchen aus Tausendundeiner Nacht. Die Ruinen des Hisham-Palastes in unmittelbarer Nähe Jerichos lassen aber keinen Zweifel daran, daß die Palastanlagen unsere

Vorstellungen von Glanz und Luxus der damaligen Zeit weit übertreffen.

Uns blieb nur wenig Zeit, um die Ausgrabungsstätte zu besichtigen. Aber sie reichte aus, um die ältesten Steine zu berühren, die ausgetretenen Stufen hinauf- und hinunterzugehen, einer Frau zu gedenken, Rahab von Jericho, einen langen Blick über die Palmenstadt zu werfen, zuzusehen, wie die Berge im Ostjordanland violett und blau mit dem Himmel verschmolzen, sich umzuwenden und das gelbbraune griechische Kloster Qurumtul zu bestaunen, das gegenüber von Jericho in den sogenannten Berg der Versuchung eingewachsen zu sein scheint, sich auszumalen, wie es damals gewesen war, als Jesus in Jericho zu Gast war, und sich die uralte Mondstadt tief ins Gedächtnis einzuprägen.

Von Jericho nach Jerusalem

Die Barmherzige

Bibeltext siehe S. 209

Von Jericho nach Jerusalem fuhren wir siebenundzwanzig Kilometer durch die judäische Sand- und Steinwüste. Stellenweise waren die Berge und Hügel völlig unbewachsen und erweckten den Eindruck riesiger Baustellen, stellenweise waren sie mit rötlichem Moos und olivgrünen Pflanzenbüscheln bedeckt. Wir fuhren wie auf dem Grund des Meeres dahin. Die Straße verläuft 250 Meter unter dem Meeresspiegel. Aber von Wasser sahen wir weit und breit keine Spur. Und über uns war nichts als der Himmel.

Nebenan schlängelte sich die alte Straße durch die kahlen Sandberge. Nirgendwo wuchsen Bäume oder

Sträucher, in deren Schatten es sich angenehm hätte träumen lassen. Manchmal tauchten Ziegen, Schafe, Esel, Kamele, Hirten und schwarze Beduinenzelte auf. Die Windungen der alten Straße entfernten sich, näherten sich und verschwanden wieder.

Eine türkische Raststätte an der linken Straßenseite trägt den beziehungsreichen Namen »Die Herberge zum Barmherzigen Samariter«. Diese Herberge ist kein monumentales Heiligtum mit Weihrauchduft, Kerzen, Ikonen und sonstigen Kostbarkeiten, es gibt dort keine Fußbodenmosaiken und auch keine edlen Stoffe, Gewänder oder wertvolle alte Schriften. Eigentlich gibt es diese Herberge gar nicht; denn Jesus hatte sich die Geschichte, in der sie eine Rolle spielte, nur ausgedacht.

Weil die Geschichte vom Barmherzigen Samariter keinen historischen Wert hat, erlaube ich mir, sie ein wenig anders zu erzählen, als sie im Lukasevangelium nachzulesen ist.

Einmal ging eine Frau allein auf der alten Straße von Jericho nach Jerusalem hinauf. Sie hatte Beeren gesammelt, wohlschmeckende, saftige Beeren, die wollte sie in Jerusalem verkaufen. Sie war fleißig gewesen, ihr Korb war bis zum Rand gefüllt. In Gedanken zählte sie schon das Geld, das sie dafür bekommen würde.

Wenn sie nur diesen Weg erst hinter sich gebracht hätte! Ganz allein war sie ihn noch nie gegangen. Hätte sie sich nicht doch besser einer Karawane anschließen sollen? Aber zur Mittagszeit wären ihre Beeren nicht mehr frisch gewesen. Wenn sie sie gut verkaufen wollte, mußte sie so früh wie möglich auf dem Markt sein. Bis jetzt war alles gutgegangen. Bald würde sie die Herberge erreichen und in Sicherheit sein. Und wenn sie Bethanien erreicht hatte, dann war es nur noch ein Katzensprung bis zum Ölberg und zum Markt am Damaskustor. Wenn sie diese einsame Wegstrecke durch die Wüste hinter sich gebracht hatte, dann war die Gefahr vorbei.

Weiter kam sie nicht mit ihren Gedanken. Ein scharfer Pfiff zerriß die Stille. Sie blieb wie gebannt stehen und sah sich nach allen Seiten um. Wohin sollte sie fliehen? Sie kamen aus dem Wadi, sprangen auf sie zu und stellten sich ihr in den Weg. Ihr ängstliches Flehen, ihre Entsetzensschreie hat niemand gehört.

Die zerquetschten Beeren, das zerrissene Gewand, die entblößten Beine – nein, ein angenehmer Anblick war das nicht, was der Eseltreiber kurz darauf am Wegrand entdeckte.

Kopfschüttelnd sah er sich die Bescherung an. »Es ist doch nicht zu fassen«, schimpfte er, »daß sie ausgerechnet in dieser gottverlassenen Gegend Beeren suchen muß! Warum ist sie nicht zu Hause geblieben? Was hat sie sich hier allein herumzutreiben? Weiß sie denn nicht, daß es hier von zwielichtigem Gesindel wimmelt? Es ist doch kein Wunder, daß sie hier vergewaltigt wird, eine fremde Frau, allein in dieser einsamen Gegend.« Sicherheitshalber zog er sein Messer aus der Satteltasche, bevor er seine Esel weitertrieb.

Einige Zeit später, die Sonne war inzwischen aufgegangen, tauchten ein Mann und eine Frau an der Wegbiegung auf. Schon von weitem sahen sie die Unglückliche. Sie lag da, als wäre sie tot. Die entsetzte Frau beschwor ihren ebenfalls zu Tode erschrockenen Ehemann, auf der Stelle umzukehren, und sie flohen in panischem Schrecken. Als hätte sie die Erde verschluckt, so spurlos waren sie in wenigen Augenblikken verschwunden. Aber es wird wohl eine Weile gedauert haben, bis sie den furchtbaren Anblick vergessen konnten.

Danach näherte sich wieder jemand dem Ort des Verbrechens. Es war eine Frau, eine Prostituierte. Sie hatte die Nacht in Jerusalem bei ihren Freiern verbracht und war nun auf dem Weg nach Jericho, um sich einmal gründlich auszuruhen.

Sie stieß einen zornigen Fluch aus, als sie die Unglückliche sah, sprang von ihrem Esel, riß sich ihr Tuch von den Schultern, zog ihr Duftwasser aus der Tasche und wischte der Verletzten vorsichtig das Blut und den Beerensaft von den Beinen. Dann kühlte sie ihr das Gesicht, flößte ihr etwas zu trinken ein, ordnete ihr die Kleider und redete währenddessen leise und freundlich auf sie ein, bis sie allmählich aus ihrer Ohnmacht erwachte.

»Komm«, sagte sie, »versuch dich aufzurichten. Irgendwie müssen wir es schaffen, dich auf den Esel zu bekommen.« Nach mehreren vergeblichen Versuchen, sie in den Sattel zu setzen, legte sie sie schließlich quer über den Esel, wie einen Sack. »Es ist nicht weit bis zur Herberge«, tröstete sie, »wir schaffen das schon.« Und zu dem Esel sagte sie: »Komm, Alter, beeil dich und paß auf den Weg auf, damit sie uns nicht herunterrutscht.« So zogen sie langsam den Berg hinauf und erreichten schließlich die Herberge.

Dem Wirt gab sie genaue Anweisungen und bezahlte ihn im voraus für seine Dienstleistungen. Zu der Frau sagte sie: »Ich kann es dir nachempfinden, wie dir jetzt zumute ist. Aber glaube mir, es wird alles wieder gut.« Dann gab sie ihr ihre Adresse und sagte, wenn sie merke, daß sie schwanger sei, solle sie zu ihr kommen. »Ich werde dir helfen«, sagte sie, »hab keine Angst, Schwester.«

So könnte sich die Geschichte, die Jesus von dem Barmherzigen Samariter erzählte, auch zugetragen haben. Barmherzigkeit hat viele Gesichter.

Als wir an der Herberge zum Barmherzigen Samariter vorbeigefahren waren, verwandelten sich die kahlen Sandberge allmählich in grasbewachsene Hügel, und am Straßenrand blühten Mimosensträucher. Wir waren inzwischen wieder vom Meeresgrund aufgetaucht und fuhren jetzt 800 Meter über dem Meeresspiegel dahin. Es wehte ein kühler Wind. Als wir die Häuser von Bethanien erreichten, flammten die Straßenlampen auf. Jerusalem, die Tochter Zion, schmückte sich für die Nacht.

Bethanien

Bei Martha

Bibeltexte siehe S. 210

Der Abend in Bethanien gehörte Martha. Im Dunkeln erzählt es sich gut. Das Öllämpchen brannte, der Wein stand bereit, wir saßen auf der Dachterrasse unter dem Palmenbaum. Der Mond hing über ihrem Haus wie eine leuchtende Laterne, der Ostermond. In wenigen Tagen würde er so kugelrund sein wie eine reife Frucht.

Martha sagte: »Du mußt die Kraft des zunehmenden Mondes nutzen.« Martha wußte alles. Sie war eine erfahrene, kluge Frau, eine Eingeweihte. Sie saß da in der Nacht, rund und doch behende, in sich ruhend und doch hellwach. Sie trug ein schwarzes, loses

Gewand, das am Ausschnitt und an den Ärmeln mit einem leuchtend orangefarbenen Stoff verziert war. »Du bist wie Tag und Nacht, Martha«, sagte ich. »Du weißt, wie ich bin?« schmunzelte sie und legte ihre Hände in den Schoß.

»Erzähl mir von dir«, bat ich. Sie meinte, es gebe nichts zu berichten. Aber damit gab ich mich nicht zufrieden. Allzuoft hatten Frauen das schon zu mir gesagt, um gleich darauf die interessantesten Geschichten zu erzählen. Es kam nur darauf an, einen geeigneten Einstieg zu finden, dann würde sie sicher beginnen.

Ich überlegte, ob sie verheiratet war, mochte sie aber nicht so direkt fragen. »Es ist unwichtig, ob ich verheiratet war oder nicht«, sagte sie, als habe sie meine Gedanken verstanden. »Und Kinder?« fragte ich, »hattest du Kinder?« »Lazarus war mein Kind«, bekam ich zur Antwort. Nach seiner schweren Krankheit war er wie neu geboren gewesen. Sie hatte ihn gepflegt und sich um ihn gesorgt wie eine Mutter.

Ich erinnerte mich daran, daß sie Jesus entgegengelaufen war, ihm Vorhaltungen gemacht und ihm zugeschrien hatte: »Er ist tot! Mein Bruder Lazarus ist tot! Du bist zu spät gekommen, Jesus!« Verzweifelte Menschen behandeln ihre besten Freunde manchmal wie Gegner, das haben wir alle auch schon erlebt.

Hatte ich mir Martha so vorgestellt? Ich glaube, ja. Sie war stark. Eine kluge Frau, tatkräftig, lebensbejahend, eine Frau, die mit beiden Beinen fest auf der Erde stand und nicht zimperlich war. Sie war eine praktische Frau, die ihr Licht nicht unter den Scheffel stellte, sondern dafür sorgte, daß es hell brannte und leuchtete. Sie wurde von allen respektiert, sogar von den verhaßten römischen Beamten.

»Ach was, erzähl keine Geschichten!« pflegte sie zu ihrer Freundin zu sagen, wenn die sie bat, sich doch etwas mehr zurückzuhalten mit ihrer Kritik an den Römern. »Ach was«, sagte sie nur und dachte nicht daran, zu schweigen. Nein, die Römer waren nicht ihre Freunde gewesen. »Aber einiges«, behauptete sie, »hätten wir durchaus von ihnen lernen können.« Damit meinte sie vor allem die Römerinnen in Jerusalem. Die bewegten sich frei und ungezwungen, waren elegant und selbstbestimmter als die Jüdinnen.

Weil sie selbst eine reiche Frau war, blieb es nicht aus, daß sie bei ihnen eingeladen wurde. Unvorstellbaren Luxus hatte sie in den Häusern der Patrizierinnen kennengelernt. Aber auch ebensoviel Elend. Sie gab Jesus recht, wenn er sagte: »Was nützte es dem Menschen, wenn er die ganze Welt besäße und nähme dabei Schaden an seiner Seele.« Nein, tauschen wollte sie nicht, weder mit den Herodianerinnen noch mit irgendeiner der zahlreichen Beamtenfrauen.

»Seit Jesus in meinem Haus ein- und ausging«, sagte sie, »hatte ich alles, was mein Herz begehrte.« »Könntest du sagen, was dir am meisten an ihm gefallen hat?« fragte ich. »Sein Glaube und seine Unerschrockenheit«, antwortete sie, ohne zu überlegen. »Ja, seinen Mut, den habe ich bewundert.« »Er ist ihm zum Verhängnis geworden«, wandte ich ein. Aber sie meinte, das sähe sie anders. »Er hat seinen Auftrag erfüllt und ist seinen Weg gegangen. Er hat gepredigt, gelehrt, die Schriften ausgelegt, geheilt und uns in allen Dingen ein Beispiel gegeben. Er hat alles getan, was einem guten Menschen zu tun möglich ist.«

»Seine Zeit war zu kurz«, sagte ich. »Zu kurz?« fragte sie überrascht. »Nach so vielen Jahren nennt ihr euch Christen und folgt seinen Lehren, was erwartest du mehr?« »Ich habe nicht an uns gedacht, sondern an euch, die ihr mit ihm gelebt habt«, erklärte ich ihr, »an deine Schwester Maria, die er so sehr liebte, an dich, Martha, und vor allem an ihn selbst, diesen hoffnungsfrohen, lebensbejahenden Mann. Ist er nicht wirklich zu früh gestorben?« »Er lebt«, sagte sie nachdrücklich.

Die Gewißheit, mit der sie das sagte, machte mich neugierig. War sie ihm nach seiner Auferstehung persönlich begegnet? Aber wann und wo? Die Evangelisten hatten sie in ihren Kreuzigungs- und Auferstehungsberichten nicht erwähnt, das fand ich nun eigenartig und fragte deshalb: »Warum bist du damals nicht mit den Frauen zum Grab gegangen?« Sie lächelte, als würde ihr diese Frage öfter gestellt. »Vielleicht hatte ich etwas anderes zu tun, als am frühen Morgen zum leeren Grab zu gehen«, antwortete sie. »Hast du es schon vorher gewußt?« fragte ich erstaunt. »Ich werde es dir erzählen«, sagte sie freundlich.

»Ich wußte von Anfang an, daß er der Messias ist, den wir erwarteten. Ich habe es ihm auf den Kopf zugesagt. Außerdem wußte ich, daß es weder den Römern noch unserem Hohenpriester und dem Hohen Rat gelingen würde, ihn umzubringen.« »Aber sie haben es getan!« entfuhr es mir. Sie schwieg.

»Ich verstehe dich, Martha«, versicherte ich ihr, als sie noch immer nicht weitersprach. »Ich kann es dir nachempfinden, daß du ihnen ihren Sieg nicht gönnst; aber du kannst doch die Tatsache, daß er den schändlichen Römertod gestorben ist, nicht ungeschehen machen, indem du ihn verdrängst.«

»Nichts verstehst du«, sagte sie gelassen. »Dann rede«, bat ich. »Vielleicht sollte ich es nicht tun«, überlegte sie und sah mich nachdenklich an.

Ich dachte, schlimmer als das, was die Evangelisten geschrieben haben, kann es nicht sein, was sie erlebt hat. Was möchte sie also verschweigen? Hatte sie sich etwa versteckt wie Petrus und die anderen Jünger, oder ihn gar verraten?

»Wenn ich den Berichten der Evangelisten glauben soll, dann bist du auch nicht auf dem Richtplatz gewesen, Martha.«

»Nein«, gab sie zu, »ich war nicht auf dem Richtplatz.« Aber dann sagte sie entschlossen: »Gut, ich erzähle dir, wo ich gewesen bin. Aber komm ins Haus, es wird kühl hier oben, und was ich dir zu sagen habe, geht niemand etwas an.«

Ich folgte ihr in den Wohnraum. Sie stellte die Öllampe auf einen Mauervorsprung, und wir setzten uns auf die Polsterbank. Dann begann sie, mir ihre Geschichte zu erzählen.

»Wie du weißt, war meine Familie eine der angesehensten in Jerusalem. Der Hohepriester war ein häufiger Gast in unserem Haus. Pharisäer, Schriftgelehrte und andere bedeutende Persönlichkeiten gingen bei uns ein und aus. Unter anderem auch Nikodemus und Josef von Arimathäa, Mitglieder des Hohen Rates. Sie waren Freunde unseres Hauses.« Sie überlegte eine Weile, bevor sie weitersprach.

»Du weißt, daß unser Volk unter der Besatzungsmacht litt und daß die Römer unsere Feinde waren. Sie saugten uns nicht nur aus durch immer höhere Steuerlasten, sie mischten sich auch in unsere Lebensgewohnheiten und Kultangelegenheiten ein. Unsere Hoffnung war, daß unser Land endlich wieder von Juden regiert würde, daß die Tyrannei und Fremdherrschaft ein Ende haben würden, je eher, desto besser. Diese Hoffnung hatten wir alle. Aber in der Frage, wie wir unsere Freiheit wiedergewinnen könnten, waren wir uns uneins und wurden es von Jahr zu Jahr mehr.

Die Parteien der Pharisäer, Sadduzäer, Essener und Zeloten, mochten sie auch noch so unterschiedliche Wege gehen, hatten alle nur das eine Ziel: das jüdische Gesetz unverdorben und den Tempel unversehrt zu erhalten. Viele träumten von einem geeinten Reich unter einem neuen David. Aber unser Traum war der Messias.«

»Du hast ihn und seine Bewegung wahrscheinlich von Anfang an finanziell unterstützt«, vermutete ich.

»Das war das wenigste, was ich für ihn tun konnte«, sagte sie, »und was bedeutet schon persönlicher Besitz während einer Revolution.«

»Aber Jesus war anders, Martha, er wollte doch keine Revolution. Er wollte die Menschen zur Einsicht bringen, er predigte die Feindesliebe.«

»Sein Reich war nicht von dieser Welt«, sagte sie, »er wollte, daß alle Menschen in Frieden mit Gott leben, daß sie zu sich selbst gut sind und auch zu ihren Nächsten. Er war ein friedfertiges Lamm. Darum mußten wir ihn schützen.«

Sie erzählte, daß ihm seine einflußreichen Freundinnen und Freunde, unter ihnen auch Johanna, die Frau eines römischen Beamten (Lk 8,3), und die Ratsherren Josef von Arimathäa und Nikodemus, viele Steine aus dem Weg geräumt hätten während seiner Wanderpredigerzeit. »Glaubst du denn, er hätte ohne unsere Unterstützung in Galiläa, der Provinz des Herodes Antipas, in aller Öffentlichkeit vom kommenden Gottesreich predigen können? Gott, das war der Kaiser in Rom, und sein war das Reich und die Macht und die Herrlichkeit in Ewigkeit. Das durfte kein Jude ungestraft in Frage stellen.«

»Soviel ich weiß«, gab ich zu bedenken, »sagte er aber auch: ›Gebt dem Kaiser, was dem Kaiser gehört, und Gott, was Gott gehört.‹« Das bestätigte sie: »Er war nicht lebensmüde«, sagte sie. Aber niemals sei er sich selbst untreu geworden, wenn er seine Meinung auch nicht immer direkt gesagt, sondern sie oft in Gleichniserzählungen verpackt habe. »Lies das Gleichnis vom ungerechten Haushalter«, empfahl sie mir, »dann weißt du, was ich meine. So wie er es dort beschrieben hat, genauso verhielt sich Herodes Antipas. Wir wußten, wen er mit dem reichen Mann meinte, der nach Rom reiste, weil er König werden wollte, und wieder zurückkam und mit seinem Verwalter abrechnete. Wir haben ihn gut verstanden« (Lk 19,11–27).

»Aber die Pharisäer und Sadduzäer, die ja auch Juden waren, trachteten ihm nach dem Leben«, sagte ich, »das kannst du nicht bestreiten.«

»Doch«, sagte sie, »das bestreite ich; denn es waren nur einzelne. Vor allem waren es die engsten Vertrauten des Hohenpriesters Kajaphas. Nein, es waren längst nicht alle gegen ihn. Er war ein gerngesehener Gast in den Häusern vieler Pharisäer, das ist doch allgemein bekannt.«

»Er wurde aber gefangengenommen und verurteilt. Wie konnte das geschehen, wenn er so viele einflußreiche Freunde hatte, wie du sagst?«

»Es war wahrscheinlich noch zu früh für Jerusalem«, sagte sie, »er hätte noch warten müssen mit seiner Tempelrede. Aber auch wegen des bevorstehenden Passahfestes ging alles furchtbar schnell« (Mt 26,1–5).

»Hat sein Freund Judas das Ende duch seinen Verrat beschleunigt?« fragte ich.

Sie schüttelte den Kopf. »Nein«, sagte sie, »Judas war nur ein kleines Tröpfchen, durch das das Faß zum Überlaufen gebracht wurde. Mehr nicht. Er war übrigens nicht der einzige im Freundeskreis, der ihn verraten hat.« Sie schwieg und sah nachdenklich vor sich hin, dann sagte sie: »Aber Gott sei Dank ging alles noch gut aus.«

»Er lebt«, sagte ich, »er ist auferstanden.« Sie nickte.

Noch immer hatte sie mir nicht erzählt, was sie Wichtigeres zu tun gehabt hatte, als bei ihm auszuhalten. Ich konnte mir nicht vorstellen, daß diese Frau ängstlich davongelaufen war und die anderen Frauen allein gelassen hatte in ihrer Trauer.

»Wo bist du gewesen, Martha?« fragte ich sie, »wie hast du die Stunden zwischen der Verhaftung und der Hinrichtung verbracht?«

»Es war eine unvergeßlich schlimme Zeit«, erinnerte sie sich. »Der Hohe Rat war einberufen worden, wir mußten zunächst sein Urteil abwarten. Nikodemus und Josef hielten uns auf dem laufenden über den Stand der Verhandlungen. Selbstverständlich stimmten sie gegen das Todesurteil; aber ihre Stimmen reichten nicht aus, um es zu verhindern.«

»Es gab noch weitere Instanzen als den Hohen Rat«, sagte ich, »und am Ende überließ Pontius Pilatus dem Volk die Entscheidung. Aber das Volk entschied sich für Barabbas.«

»Das Volk entscheidet sich immer für den Stärkeren«, erklärte sie.

»Aber Barabbas war ein Mörder«, wandte ich ein, »ein Schwerverbrecher! Wie konnten sie sich für den entscheiden?«

»Ein Mörder?« fragte sie, »er war einer von denen, die den gewaltsamen Widerstand wollten. Leute wie seinesgleichen halten nichts von sanftmütigen Reden, die schlagen zu. Barabbas war ein bekannter Widerstandskämpfer, gegen ihn hatte Jesus keine Chance. Die Menschen versprechen sich mehr von Taten als von Worten.«

»Und ihr?« fragte ich, »konntet ihr ihm denn wirklich nicht mehr helfen, nachdem ihn das Volk fallengelassen hatte?«

»Solange er in der Festung war, blieben uns die Hände gebunden. Erst auf dem Weg zur Schädelstätte trug Simon von Kyrene, der Vater von Alexander und Rufus (Mk 15,20f.) das Kreuz für ihn. Auch Longinus, der Hauptmann, tat, was er konnte, um ihm die Last zu erleichtern[52]. Einige Frauen waren ständig in seiner Nähe. Susanna, Johanna und ich hielten uns in Josefs Haus auf, um sofort die notwendigen Schritte einleiten zu können, wenn es zum Äußersten kommen sollte. Die Salbenverbände waren fertig und ebenso der bittere Trank.

Als es dann soweit war, befahl Longinus dem Henkersknecht, den Schwamm in den Krug zu tauchen. Nachdem Jesus getrunken hatte, ging alles sehr schnell. Als sie seine Haut ritzten, zeigte er keinerlei Reaktion. Sie zerbrachen ihm nicht die Beine, sondern Josef und Nikodemus nahmen ihn vorsichtig vom Kreuz, wickelten ihn in die sorgfältig präparierten Tücher und trugen ihn in Josefs neue Grabkammer.«

Sie schwieg. »Erzähl weiter«, bat ich.

»Ach«, seufzte sie, »es ist schon so lange her, und alles ist doch längst bekannt. Was sollen die alten Geschichten? Das Grab war leer, bis auf die Leinentücher. Drei Tage nach der Kreuzigung zeigte er sich Maria und redete mit ihr. Danach sprach er mit den anderen Frauen und war bei seinen Freunden in Emmaus und am See. Dafür gibt es Zeugen genug. Sie meinten erst, sie sähen einen Geist; aber er aß mit ihnen, und Thomas berührte seine Wundmale, da glaubten sie, daß er es wirklich war. Vierzig Tage danach zeigte er sich hier in Bethanien zum letztenmal.«

»Ich glaubte, sie hätten ihn in Galiläa zum letzenmal gesehen«, sagte ich. Sie lächelte nachsichtig. »Wer weiß«, sagte sie freundlich, »vielleicht ist es so gewesen, wie du glaubst.«

Es war spät geworden. Martha hatte sich zurückgezogen. Ich dachte noch lange über unser Gespräch nach. Sie hatte mir eine Geschichte erzählt, die ich längst kannte. Und doch war sie irgendwie anders gewesen. Ich würde mich nach weiteren Einzelheiten erkundigen, nahm ich mir vor, andere Augenzeugen befragen und irgendwann herausfinden, was sich damals wirklich ereignet hat.

Aber als ich ihr Haus verließ, war mir schon klar, daß es unmöglich ist, bis auf den Grund des Mysteriums hinabzusteigen.

Bethlehem

Von Kindern und Frauen

Bibeltexte siehe S. 212

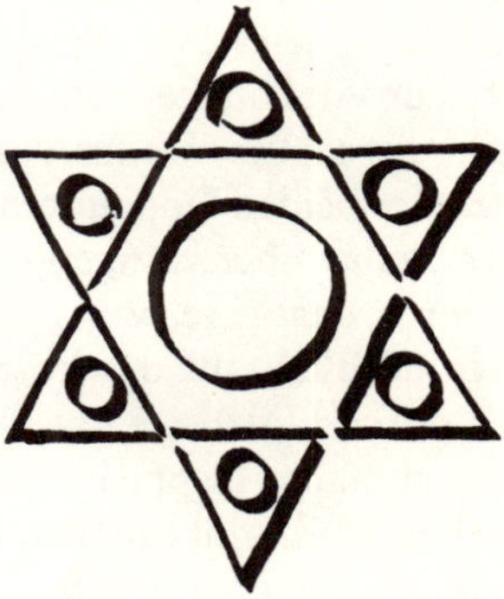

Der Muezzin rief zum Gebet. Die Luft von Bethlehem war angefüllt mit seiner scheppernden Stimme, die aus dem Lautsprecher über den Marktplatz dröhnte. Unmittelbar unter dem Turm verstanden wir unser eigenes Wort nicht. Genauso unangenehm wird einigen das Geläut der Kirchenglocken in den Ohren klingen, dachte ich, als wir auf die Geburtskirche zugingen, deren Glockengeläut am Heiligen Abend in alle Welt übertragen wird.

Auf dem großen Platz vor der Kirche erwarteten uns arabische Händler. Einer begleitete mich bis vor die Kirchentür. Er erkundigte sich, ob ich Kinder habe, fragte nach ihrem Alter und erzählte mir von seinen eigenen sieben Kindern, denen es nicht gutgehe, weil ihr Vater arm sei. In jeder Pilgergruppe wird er irgendeine Frau ansprechen und ihr dasselbe erzählen. Aber ich habe ihn in Erinnerung behalten; denn durch diesen Vater wurde Bethlehem für mich wieder zu einer lebendigen Stadt der Kinder, wie sie es ja von Anfang an gewesen ist.

Das Eingangstor der Geburtskirche ist nur 120 cm hoch und 70 cm breit. Es wird »Die Pforte der Demut« genannt. Nur Kinder können aufrecht hindurchgehen. »Wenn ihr nicht werdet wie die Kinder, könnt ihr nicht ins Himmelreich kommen« (Mt 18,2 f.), hat Jesus gesagt. Wir mußten uns tief bücken, um in die große Kirche zu gelangen, deren Innenraum durch seine Ausmaße und wegen der beiden Doppelreihen seiner achtundvierzig roten Säulen überwältigend wirkt.

Wir gingen durch das leere, weiträumige Kirchenschiff, warfen einen Blick auf das kostbarste Fußbodenmosaik, das durch Holzroste geschützt wird, und stiegen auf einer schmalen Treppe in die Geburtsgrotte hinunter. Sie war angefüllt mit brennenden Kerzen, roten Kandelabern und bunten Stoffen. In einer Ecke stand ein weißbezogenes Kinderbett mit Drahtgittern.

Unter dem Altar des höhlenartigen Raumes ist ein großer silberner Stern in den Fußboden eingelassen. Die lateinische Inschrift lautet: »Hier ist Jesus Christus von der Jungfrau Maria geboren.«

Als wir uns in der Grotte aufhielten, war er gerade umlagert. Fünf oder sechs kleine Kinder drängten sich unter den Altar, um den Stern aus der Nähe anzusehen, ihn zu berühren und sich auf ihn zu setzen. Ihre hellen Stimmen erfüllten den Raum. Die Kinder brachten Leben in die Geburtsgrotte. Ohne sie wäre diese heilige Stätte ein Museum gewesen, bedeckt mit dem Staub der Jahrhunderte.

Von der Geburtsgrotte aus gelangten wir in die tiefer gelegene Kapelle der Unschuldigen Kinder. Der Legende nach befinden sich in ihren Wandnischen die Gräber der Kinder von Bethlehem, die König Herodes ermorden ließ, um das Christkind zu beseitigen.

Dort in der Erde, unter der Geburtsgrotte, unter der großen Kirche, versuchte ich den Spuren nachzugehen, die die Frauen und die Mütter der Kinder in Bethlehem hinterlassen haben.

Die erste Frau, die mir einfiel, war Rahel. Sie mußte sterben, als sie ihr zweites Kind zur Welt brachte. Man begrub sie an der Straße nach Efrat, das jetzt Bethlehem heißt. Jakob errichtete ein Steinmal über ihrem Grab. Das ist das Grab Rahels bis auf den heutigen Tag.

Als wir von Jerusalem nach Bethlehem fuhren, waren wir an ihrem Grab vorbeigekommen. Rahels Grab ist ein Heiligtum, das Juden, Christen und Moslems gleichermaßen achten und ehren. Ich hörte, daß es überwiegend von Frauen besucht wird. Soldaten bewachen Rahels Grab mit Maschinengewehren.

Eine andere Frau fiel mir ein. Eine junge Frau aus Bethlehem, die die Nebenfrau eines Leviten aus dem Gebirge Efraim geworden war. Ihre Geschichte ist die frauenfeindlichste Geschichte der Bibel und als »die Schandtat der Männer von Gibea« überliefert. Dort unter der Erde ihrer Heimatstadt, bei den Gräbern der unschuldigen Kinder, dachte ich an sie in großer Traurigkeit.

Glücklicherweise erinnerte ich mich aber auch an eine freundliche Geschichte. Ich dachte an Noomi, die Bethlehem verlassen hatte, um sich in Moab, jenseits des Jordan, anzusiedeln. Später war sie mit ihrer Schwiegertochter Ruth nach Bethlehem zurückgekehrt.

Ich sah Ruth, wie sie zum Ährenlesen auf die Felder

ging. Und dachte an das fröhliche Erntefest, an ihre heimliche Liebesnacht auf der Tenne in Bethlehem und an die geschickten Verhandlungen ihres Bräutigams im Tor. Ich freute mich mit ihr über die glückliche Geburt ihres Sohnes, den ihre Schwiegermutter liebte wir ihr eigenes Kind. Ruth und Noomi wurde in Bethlehem ein Kind geschenkt, ein Sohn wurde ihnen geboren: Obed, der Vater Isais und der Großvater des Königs David.

Auch David wurde wie sein Vater, sein Großvater und dessen Vater und Großvater in Bethlehem geboren. Dort hütete er die Schafe, bis der Prophet Samuel zu ihm kam und ihn zum König salbte. David hatte sechs Brüder und zwei Schwestern. Die Namen seiner Schwestern waren Abigail und Zeruja.

Abigail heiratete den Ismaeliten Jeter. Ihr Sohn Amasa wurde der Vertraute seines Vetters Absalom (2 Sa 17,25 ff.). Zeruja war die große Mutter ihrer mächtigen Söhne Abischai, Asahel und Joab. Alle drei waren enge Vertraute des Königs und ermöglichten seinen glanzvollen Aufstieg, vor allem Joab, der Heerführer. Ohne die Söhne der Zeruja wäre die Geschichte des Königs David eine andere geworden.

Weil einst der wunderbare Held David in Bethlehem geboren war, gaben die Menschen die Hoffnung nicht auf, daß diese Stadt noch einmal einen großen Sohn hervorbringen werde. Dreihundert Jahre nach David, als dessen Großreich längst wieder zerbrochen war, weissagte der Prophet Micha: »Du Bethlehem, so klein unter den Städten in Juda, aus dir wird einer hervorgehen, der über Israel herrschen wird. Sein Ursprung liegt in ferner Vorzeit, in längst vergangenen Tagen« (Mi 5,1).

Und als die Zeit erfüllt war, wurde Marias Kind in Bethlehem geboren, wenn es zunächst auch so ausgesehen hatte, als wäre dafür kein Platz auf der Erde.

Die Menschenhäuser waren alle besetzt, ihre Stuben waren zu eng für das Wunder der Heiligen Nacht. Darum wurde das Kind, dessen Ursprung in ferner Vorzeit lag, in längst vergangenen Tagen, im Inneren der Erde, in einer Höhle geboren.

Die Hirten verstanden den Gesang der Engel; denn der, der in Bethlehem zur Welt gekommen war, war ein Hirte und ein Opferlamm. Sie gingen zur Höhle und fanden das Kind.

Und nach den Hirten, jenen erd- und naturverbundenen Menschen, kamen die Weisen, die Magier, die Sterndeuter nach Bethlehem und huldigten dem Sohn des Himmels.

Der mächtige Herodes fürchtete sich vor diesem Kind, das als der Sohn Davids verehrt wurde. Er beschloß es zu töten und nahm den Tod anderer Kinder dafür in Kauf. Bis heute lastet ihm diese Untat an, auch wenn sie historisch nicht nachweisbar ist.

Ob Jesus während seiner Wanderpredigerzeit in Bethlehem war, ist nicht bekannt. Doch bereits im 1. Jahrhundert wurde die Geburtsgrotte von Bethlehem als christliches Heiligtum verehrt.

Zu Beginn des 4. Jahrhunderts veranlaßte eine Frau den Bau der ersten Kirche über der Grotte. Es war Helena, die fromme Mutter des Kaisers Konstantin. Wer könnte dort ein- und ausgehen, ohne an sie zu denken? 285 wurde ihr Sohn Konstantin geboren. Weil die ehemalige Schankwirtin Helena der Karriere ihres Mannes im Wege stand, trennte sich Constantinus Chlorus von ihr und heiratete Theodora, die Tochter des Kaisers Maximian, seines Freundes und Gönners.

Nach dem Tod seines Vaters residierte Konstantin in Trier. Er verbannte seine Stiefmutter, die Christin Theodora, und ihre Kinder nach Toulouse und lebte mit seiner Mutter Helena, mit seinem Sohn aus erster Ehe, Crispus, und mit seiner Gattin Fausta im väterlichen Palast. Konstantin verlieh seiner geliebten Mutter den Augusta-Titel, übertrug ihr das Münzrecht und das Recht, über den Staatsschatz zu verfügen.

Während sich Helena Augusta einmal vorübergehend in Rom aufhielt, ereignete sich in Trier ein Familiendrama. Konstantin der Große ließ Crispus, den Liebling Helenas, und seine Gemahlin Fausta ermorden, weil er den Gerüchten glaubte, die über sie in Trier verbreitet wurden. Daß sie erlogen waren, stellte sich erst hinterher heraus. Helena war über die Vorgänge entsetzt. Bis an ihr Lebensende versuchte sie, die Schuld ihres Sohnes abzutragen und zu sühnen. Sie bekannte sich öffentlich zum christlichen Glauben, indem sie den Palast, der durch die Morde entweiht worden war, dem Bischof von Trier schenkte, damit er ihn in ein Gotteshaus umbauen ließ. Im sogenannten Prunksaal des Doms zu Trier sind heute noch die Dekkengemälde des ehemaligen Kaiserpalastes mit dem Bildnis der schönen Helena zu besichtigen[53].

Fast achtzigjährig begab Kaiserin Helena, die Büßerin, sich in den Jahren 326 und 327 in das Heilige Land. In Bethlehem veranlaßte sie den Bau der Geburtskirche und in Jerusalem den Bau der Grabeskirche. Als ich mich in der Geburtskirche in Bethlehem aufhielt, spürte ich, daß diese Kirche den Geist bewahrt hat, den ihr Helena vor tausendsechshundert Jahren eingehaucht hat: einen mütterlichen Geist.

In Helenas Kirche in Bethlehem liegt eine andere bemerkenswerte Christin begraben: die heilige Paula. Sie war eine hochgebildete römische Patrizierin. Seit 386 lebte sie mit ihren zwei Töchtern in Bethlehem. Sie gründete dort drei Nonnen- und Mönchsklöster und starb hochverehrt im Jahr 404.

Der heilige Hieronymus schrieb über sie: »Wenn alle Glieder meines Körpers in Zungen verwandelt würden und sie mit menschlicher Stimme redeten, ich würde nichts sagen, was den Tugenden der heiligen Paula würdig wäre.« Von ihm erfuhr ich, daß sie fünf Kinder hatte. Vier Töchter: Blaesilla, Paulina, Eustachia, Rufina; und einen Sohn: Toxocius, »nach dem sie aufhörte, Kinder zu bekommen«. Hieronymus schreibt: »Daran sieht man, daß sie ihrem Mann nur deswegen zu Willen war, um ihm einen männlichen Nachkommen zu schenken. Nach dem Tod ihres Mannes beklagte sie ihn so, daß sie selbst beinahe gestorben wäre. Dann aber wandte sie sich so dem Dienst an Gott zu, daß es schien, als hätte sie seinen Tod gewünscht.«

Das Verhalten der heiligen Paula scheint dem heiligen Hieronymus manchmal ein wenig rätselhaft gewesen zu sein. Nachdem sie viele gute Taten verrichtet hatte und gestorben war, kamen viele Menschen zu ihrem Begräbnis. »Jeder Mönch, wie sehr er sich auch in seiner Wüstenzelle verborgen hält, jede Nonne, wie versteckt sie auch in ihren Gemächern gehalten wird, hielt es als einen Frevel, einer solchen Frau nicht den letzten Dienst zu erweisen«, erinnerte sich ihr Freund Hieronymus[54].

Mit meinen kurzen Andeutungen über die Frauen von Bethlehem werde ich ihrer wirklichen Bedeutung natürlich nicht gerecht. Mir kam es auch nur darauf an, dort, an der Wiege der Christenheit, über die Weihnachtsgeschichte hinaus die frühen Anteile der Frauen an der Kirchengeschichte aufzuzeigen.

Seit ich in Bethlehem war, weiß ich, daß sie nicht nur das göttliche Kind zur Welt gebracht haben, daß sie nicht nur treue Hüterinnen der jungen Kirche waren, nicht nur treusorgende Mütter ihrer großen Söhne, deren Schuld sie auf sich nahmen, sondern daß sie von Anfang an auch ihre Bauherrinnen gewesen sind.

Bethanien

Die Salbung

Bibeltexte siehe S. 216

In den Wochen vor dem Passahfest hatten Jesus und seine Freunde sich in den Höhlen von Ephraim verborgen gehalten. Dann wanderten sie im Schutz der Dunkelheit nach Bethanien. Dort lebten Menschen, auf die sie sich verlassen konnten. Auch in Marthas Haus waren sie sicher vor den Verfolgern.

Tag für Tag hörten sie Scharen von Pilgern vorüberziehen. Alle wollten rechtzeitig zum Passahfest in Jerusalem sein. Als gelte es wieder, sich auf den Exodus vorzubereiten, so wurden die Opferschafe durch die Straßen getrieben, so wurden die ungesäuerten Brote gebakken, so sammelten sie die Bitterkräuter für das Mahl.

Die Stadt schien zu vibrieren. Über die Menschen war eine große Unruhe gekommen. Die Häuser wurden geputzt, notwendige Besorgungen erledigt, die Synagogen und der Tempel wurden geschmückt, eilige Geschäfte noch rasch abgeschlossen. Zu allem Überfluß hatte Kajaphas, der Hohepriester des Jahres, den Ältestenrat zu einer außerplanmäßigen Sitzung einberufen. Der einzige Tagesordnungspunkt hieß: Jesus aus Galiläa.

Einige der ehrwürdigen Ratsherren waren in großer Sorge, weil der fremde Rabbi größeren Anklang beim Volk fand, als sie es für möglich gehalten hatten. Besonders aufgeschreckt waren sie durch den triumphalen Empfang Jesu bei seinem demonstrativen Einzug in Jerusalem. Seine öffentlichen Auftritte und Reden hatten sie aufmerksam und mißtrauisch beobachtet; bisher hatten sie jedoch keinen direkten Grund gehabt, ihn am Reden zu hindern. Aber mit seinem unglaublichen Verhalten im Tempel und mit seinen gotteslästerlichen Äußerungen hatte er nun die Grenze des Zumutbaren überschritten. Eine offizielle Stellungnahme war unvermeidbar geworden, wenn sie ihren guten Ruf nicht gefährden wollten.

Die Mitglieder des Hohen Rates hatten sich im Sitzungssaal versammelt. Alle redeten laut durcheinander, so daß kein Wort zu verstehen war. Josef von Arimathäa und Nikodemus standen wie zufällig beieinander. Sie waren sehr besorgt über das einhellig abfällige Reden über Jesus, den sie beide verehrten.

Nachdem der Vorsitzende sich Gehör verschafft hatte, forderte er die Herren auf, ihre Plätze einzunehmen. Mit wenigen Worten wies Kajaphas noch einmal auf den Zweck ihrer Zusammenkunft hin, bevor er um Wortmeldungen bat. Danach diskutierten die Männer des Hohen Rates erregt den Fall aus Galiläa.

Josef von Arimathäa versuchte, so gut es eben ging

in dieser emotional geführten Debatte, die Wichtigkeit des Verdächtigen herunterzuspielen. Er wies auf die Friedfertigkeit des Rabbis hin, auf seinen vorbildlichen Umgang mit Leidenden und behauptete schließlich, durch außerordentliche Maßnahmen, wie zum Beispiel diese Sitzung, würde die Affäre nur unnötig aufgebauscht und aufgewertet. Allerdings konnte er die Meinung der anderen Ratsmitglieder nicht beeinflussen. Im Gegenteil, seine Argumente riefen nur eine Flut neuer Anklagen und Beweisführungen hervor. Besorgt sahen Josef und Nikodemus sich an, als der Hohepriester zur Abstimmung drängte. Das Ergebnis war erwartungsgemäß eindeutig: Der Hohe Rat forderte die Todesstrafe für Jesus. Und zwar sofort. Jedenfalls noch vor dem Fest.

Der Rabbi Jesus würde für seine Unverschämtheiten büßen, das stand nun fest, seine Hinrichtung war beschlossene Sache. Unverzüglich würde Kajaphas sich in die Burg Antonia begeben, um das Urteil des Hohen Rates von Pilatus bestätigen zu lassen.

Ungeklärt blieb nur die Frage, wie sie den Verurteilten in ihre Gewalt bringen konnten, da er untergetaucht war und niemand wußte, wo er sich zur Zeit aufhielt. Aber sie würden ihn finden, daran zweifelten sie keinen Augenblick. Sie kannten Mittel und Wege genug, um Verstecke aufzuspüren. Der Hohepriester forderte absolute Geheimhaltung und wies in seinem Schlußwort noch einmal auf die Dringlichkeit des Falles hin und daß die Angelegenheit unverzüglich erledigt werden müsse. »Ja nicht auf dem Fest!« warnte er, »damit kein Aufruhr im Volk entsteht!«

Die Sitzung war beendet. Die Diener geleiteten die Herren nach Haus. Es war Nacht geworden in Jerusalem. Der Frühlingsmond leuchtete in alle Straßen und Gassen. Er schien auch über den Häusern von Bethanien.

Während der Hohe Rat im Palast des Hohenpriesters in Jerusalem tagte, hatten sich Jesus und seine Freunde bei Simon von Bethanien, genannt der Aussätzige, versammelt. Wenn es im Sitzungssaal in Jerusalem zu laut herging an diesem Abend, dann war es in Simons Haus in Bethanien zu still. Die Stimmung war bedrückt. Auch das gute Essen hatte die Anwesenden nicht aufmuntern können. Sie saßen da und hingen ihren Gedanken nach.

Petrus lag auf seinem Kissen und stellte sich gerade vor, er sei zu Hause am See und fahre hinaus zum Fischen. Er fühlte den frischen Wind auf seiner Haut und hörte das Geräusch der Wellen. Als Maria den Türvorhang zur Seite schob und den Raum betrat, erwachte er aus seinem angenehmen Traum und sah sie erstaunt an. Die anderen nahmen keine Notiz von ihr. Nur Jesus nickte ihr freundlich zu, trotz seiner sorgenvollen Gedanken.

Ihr Herz zog sich zusammen, wenn er sie so ansah. So vertraut, so liebevoll, so von weit her. Sie setzte sich zu ihm in ihrer unauffälligen, stillen Art und zog ein Fläschchen aus ihrem Gewand, zerbrach es mit einem geschickten Griff, und augenblicklich entströmte ihm ein wunderbarer Duft, der alle aus ihren Gedanken riß.

Was hatte Maria vor? Ganz selbstverständlich und sicher hantierte sie. Wie eine Priesterin. Sie träufelte das duftende Salböl auf seinen Kopf und seine Füße und verrieb es sanft auf seiner Haut. Dabei sprach sie leise die uralten Segensworte: »Ich segne dich, Jesus von Galiläa, mit dem Segen des Himmels von oben, mit dem Segen tieflagernder Urflut, mit dem Segen von Brüsten und Schoß« (Gen 49,25). Jesus spürte die Kraft, die von ihr ausging, eine Energie, die ihn durchströmte, die ihn leicht machte und seine Angst löste. Er fühlte, daß er ihren Segen und ihre Kraft brauchte für den Weg, den er zu gehen hatte.

Liebevoll entfernte sie die Reste des Salböls mit ihren eigenen Haaren. Alles geschah würdevoll, als lasse sie sich von einer inneren Stimme leiten, als wisse sie, was zu tun ist. So war es immer gewesen mit Maria. Sie hatte immer das Richtige getan. Jesus war diese Begabung längst aufgefallen, und er hatte ihr Mut gemacht, zu sich zu stehen. Aber außer ihm schien das niemand zu begreifen. Im Gegenteil. Sie fanden immer wieder etwas an ihr auszusetzen. Sie erklärten ihr Handeln für sinn- und zwecklos, sie hielten es für Zeit- und Geldverschwendung, im Grund für Naivität und Dummheit und nichts weiter.

Für die Jünger war diese Szene typisch für Maria. Was war denn diese nutzlose Verschwendung des kostbaren Salböls, das generationenlang gehütet und aufgehoben worden war, anderes als eine sinnlose Tat am falschen Platz? Sie waren ärgerlich. Zu Recht waren sie ärgerlich. Und außerdem konnten sie es nicht leiden, daß eine Frau sich derart in den Vordergrund drängte. Es war ihnen auch peinlich, wenn sie weinte und sich so gehen ließ. Sie meckerten und maulten und taten beleidigt.

Allerdings wagten sie nicht, sie direkt zu tadeln. Statt dessen redeten sie über das kostbare Salböl. Daß man es teuer hätte verkaufen können; daß man dafür mindestens 300 Silberstücke bekommen hätte; daß man damit vielen Notleidenden hätte helfen können. Christliche Nächstenliebe, jawohl, dafür hätte man es verwenden können. Öffentlichkeitsarbeit. Eine öffentliche Spende für die Armen von Jerusalem. Das wäre etwas gewesen, das sich gelohnt hätte, das ihnen auch geholfen hätte, ihr Ansehen zu verbessern. Das hätte ihnen allen geholfen. Aber dieses Getue hier, diese sinnlose Vergeudung, die nützte doch keinem etwas.

Was mag in Maria vorgegangen sein während ihrer abfälligen Bemerkungen? War sie erschrocken über die Begriffsstutzigkeit der Männer? Vielleicht hatte sie gar keine andere Reaktion erwartet? Hatte sie überhaupt zugehört? Sie war es gewohnt, gescholten zu werden, es war ja nicht das erste Mal. Menschen wie sie machten in den Augen der anderen ständig etwas falsch. Entweder regten sie sich auf, weil sie untätig herumsaß, während sie sich abrackerten, oder sie regten sich auf, weil sie etwas tat, auf das sie selbst nicht gekommen waren. Aber am meisten ärgerten sie sich darüber, daß Jesus sie ständig in Schutz nahm und daß er sie ihnen auch noch als Vorbild hinstellte. Er liebte sie, und deswegen war sie immer im Vorteil. Manchmal hätten sie sie am liebsten verprügelt; aber das wagten sie nicht.

Jesus sagte: »Hört auf! Hört endlich auf, an ihr herumzunörgeln! Sie hat es genau richtig gemacht. Hört doch auf mit eurem Gerede von den Armen! Denen könnt ihr noch genug Gutes tun, darum macht euch nur keine Sorgen. Aber sie ist eine, die das All kennt, ihre Visionen und Einsichten übertreffen alle eure Gedanken.«[55]

Wie gern hätte sie sich in seine Arme geschmiegt. Aber sie war so grenzenlos traurig über alles, was sie voraussah, und über die feindselige Stimmung im Raum, daß sie nur still und wie versteinert vor ihm sitzen blieb. Sie fühlte sich erschöpft, leer und traurig. Die Traurigkeit umhüllte ihre Liebe zu diesem Mann wie ein dunkles Gewand. Sie spürte, wie sich alles aufzulösen begann, wie alles zerrann, auf das sie sich verlassen hatte. Dieser vom Tod bedrohte geliebte Mensch, diese unverständigen Freunde – welch einen Ausweg hätte es denn geben können aus ihrer Traurigkeit? Tränen liefen über ihr Gesicht, tropften durch ihre Hände und fielen auf seine Füße.

»Laßt sie in Ruhe«, sagte Jesus, »sie hat mir viel Gutes getan.« Er tupfte die Tränen mit ihren Haarspitzen fort. Als er das sagte, überlegte der eine oder andere in Simons Haus, wann er Jesus Gutes getan hatte. Immer war er es gewesen, von dem sie Zuwendung erwarteten und bekamen. Unentwegt hatte er seine Kraft, seine Liebe an andere verschwendet; aber wer war denn von ihnen auf den Gedanken gekommen, ihn zu beschenken, ihm Gutes zu tun?

Maria hatte es getan. »Für dich vergossen.« Ja, das hatte sie getan, und es wurde ihr übelgenommen.

Johanna, Susanna, Salome hatten ihm ihr Vermögen geschenkt, Martha und Petrus' Schwiegermutter hatten ihm ihre Häuser zur Verfügung gestellt. Die Frau am Brunnen hatte ihm zu trinken gegeben. Maria, seine Mutter, hatte ihn geboren und sich um ihn gesorgt.

Aber was hatten sie, seine Jünger und Freunde, für ihn getan, außer daß sie ihm gefolgt waren? Sie wußten es nicht. Und schwiegen.

So war diese Mondnacht angefüllt mit Liebe und Haß, mit Zärtlichkeit, mit Nachdenken und Unverstand. Einige Männer zerbrachen sich die Köpfe, wie sie Jesus am unauffälligsten beseitigen könnten. Einige Männer zerbrachen sich die Köpfe, wie sie ihn retten könnten. Aber eine Frau handelte.

»Sinnlos«, sagten sie, »was du tust, ist sinnlos und umsonst, Maria!« Aber Jesus sagte: »Solange von mir die Rede sein wird, wird man auch davon erzählen, was sie an mir getan hat.«

Doch weil das Evangelium später von jenen Männern verkündet wurde, denen er versucht hatte, die Handlungsweise einer Frau begreiflich zu machen, darum ist die Geschichte dieser Nacht eine andere Geschichte geworden. Wie wäre sie denn sonst überliefert worden? Etwa wie eine Liebesgeschichte? Ja, vielleicht wie eine rührende Geschichte von Liebe und Tod.

Jerusalem

Die Klagemauer

Bibeltexte siehe S. 216

»Komm, ich will dir die Braut zeigen, die Frau des Lammes«, hatte der Engel gesagt. Da sah der Seher Johannes die heilige Stadt Jerusalem, wie sie aus dem Himmel herabkam, erfüllt von Gott, glänzend wie ein kostbarer Edelstein, wie ein kristallklarer Jaspis (Offb 21,9 f.).

In Wirklichkeit ist Jerusalem wie jede andere Stadt angefüllt mit Menschen, Tieren, Pflanzen, Steinen und Lärm. Jerusalem ist beides, Traum und Wirklichkeit. Sie besteht aus Gegenwart und Vergangenheit. Jerusalem ist voller Gegensätze und eine Hochburg des Aberglaubens und des Glaubens. Die Lebensgeschichte dieser Stadt erzählt der Prophet Ezechiel mit folgenden Worten:

»Deiner Herkunft und deiner Geburt nach stammst du, Tochter Zion, aus dem Land der Kanaaniter. Dein Vater war ein Amoriter, deine Mutter eine Hetiterin. Bei deiner Geburt, als du geboren wurdest, hat man deine Nabelschnur nicht abgeschnitten. Man hat dich nicht mit Wasser abgewaschen, nicht mit Salz eingerieben, nicht in Windeln gewickelt. Nichts von alledem hat man getan, kein Auge zeigte Mitleid, niemand übte Schonung an dir, sondern am Tag deiner Geburt hat man dich auf freiem Feld ausgesetzt, weil man dich verabscheute.

Da kam ich, Gott, der Herr, an dir vorüber und sah dich in deinem Blut zappeln, und ich sagte zu dir, als du blutverschmiert dalagst: Bleib am Leben! Wie eine Blume auf der Wiese ließ ich dich wachsen. Und du bist herangewachsen, bist groß geworden und herrlich aufgeblüht. Deine Brüste wurden fest; dein Haar wurde dicht. Doch du warst nackt und bloß. Da kam ich an dir vorüber und sah dich, und siehe, deine Zeit war gekommen, die Zeit der Liebe. Ich breitete meinen Mantel über dich und bedeckte deine Nacktheit. Ich leistete dir den Eid und ging mit dir einen Bund ein, und du wurdest mein.

Dann habe ich dich gebadet, dein Blut von dir abgewaschen und dich mit Öl gesalbt. Ich kleidete dich in bunte Gewänder, zog dir Schuhe aus weichem Leder an und hüllte dich in Leinen und kostbare Gewänder. Ich legte dir prächtigen Schmuck an, legte dir Spangen an die Arme und eine Kette um den Hals. Deine Nase schmückte ich mit einem Reif, Ohrringe hängte ich dir an die Ohren und setzte dir eine herrliche Krone auf. Mit Gold und Silber konntest du dich schmücken, in Seide und bunte Gewänder dich kleiden, Feinmehl, Honig und Öl waren deine Nahrung. So wurdest du strahlend schön und wurdest sogar Königin« (Ez 16,3 ff.).

Jahwe zog in Jerusalem ein, nachdem David die Tochter Zion erobert hatte. Er war nicht im offenen Kampf gegen die Unbesiegbare angetreten. Er, der strahlende Held, der junge König, hatte sie heimlich von der Quelle aus bestiegen und die derart Überrumpelte zu seinem Besitz und Eigentum erklärt. Durch eine List wurde Jerusalem besiegt. Sie wurde Davids Stadt, und ihr Kronjuwel, der friedliche Abendstern Salem, oder Venus, wie die Römer sagten, wurde zum Davidsstern. Und wie der Stadt, so erging es auch der Tochter Jerusalems: David eroberte Batseba und ließ ihren Mann erschlagen (2 Sam 11).

Mag die uralte Geschichte Jerusalems Dichtung oder Wahrheit sein, sie ist die Geschichte einer Tochter, die ihre Unschuld verlor, einer Frau, die entmachtet wurde. Der Prophet Ezechiel erzählt die Fortsetzung ihrer Geschichte mit den Worten eines zornigen, eifersüchtigen Mannes:

»Du hast dich auf deine Schönheit verlassen, Jerusalem, du hast deinen Ruhm mißbraucht und dich zur Dirne gemacht. Jedem, der vorbeiging, hast du dich angeboten, jedem bist du zu Willen gewesen. Du hast deine bunten Gewänder genommen und dir an den Kulthöhen ein Lager bereitet und darauf Unzucht getrieben.

Deinen prächtigen Schmuck aus meinem Gold und Silber, den ich dir geschenkt hatte, hast du genommen und hast dir daraus männliche Figuren gemacht, um mit ihnen Unzucht zu treiben. Deine bunten Gewänder hast du genommen und sie damit bekleidet. Mein Öl und meinen Weihrauch hast du vor sie hingestellt. Das Brot, das ich dir gab – mit Feinmehl, Öl und Honig nährte ich dich –, das hast du ihnen als beruhigenden Duft dargebracht.

Du warst keine gewöhnliche Dirne, Jerusalem; denn du hast es verschmäht, dich bezahlen zu lassen. Jede Dirne bezahlt man; du aber hast all deinen Liebhabern Geschenke gegeben und sie bestochen, damit sie von überall kamen, um mit dir Unzucht zu treiben... Darum, du Dirne, höre das Wort des Herrn! So spricht Gott, der Herr: Weil du deinen Körper schamlos entblößt hast bei der Unzucht mit deinen Liebhabern... deshalb will ich alle zusammenrufen, denen du gefallen hast, alle, die du geliebt hast, und auch alle, die du verachtet hast. Und wenn ich sie von allen Seiten bei dir zusammengerufen habe, dann entblöße ich vor ihren Augen deine Scham, damit sie deine Scham unverhüllt sehen. Ich spreche dir das Urteil nach den Rechtsvorschriften für Ehebrecherinnen und Mörderinnen, voll Zorn zahle ich dir heim mit Blut, Grimm und Eifersucht.

Sie berufen eine Volksversammlung gegen dich ein, steinigen dich und hauen dich mit ihren Schwertern in Stücke. Sie werden deine Häuser anzünden und vor den Augen vieler Frauen das Urteil an dir vollstrekken... Wenn ich meinen Zorn an dir gestillt habe, wird meine Eifersucht aufhören, gegen dich zu wüten. Ich werde Ruhe haben und mich nicht mehr ärgern« (Ez 16,15–19. 31–38. 40–42).

O Jerusalem! Als Jesus dich sah, weinte er über dich, Tochter Zion. Sie nannten ihn den Sohn Davids; aber er verhielt sich anders als seine Väter und Brüder. »Fürchte dich nicht, Tochter Zion! Siehe, dein König kommt zu dir, er sitzt auf dem Fohlen einer Eselin« (Joh 12,15).

Nein, diesen sanftmütigen Mann brauchtest du nicht zu fürchten. Er war der ersehnte Friedefürst, dein Bräutigam, der tat dir nichts zuleide. Weder bemächtigte er sich deiner durch eine List oder durch Gewalt, noch dröhnte die Erde unter dem Gleichschritt seiner marschierenden Soldaten. Da waren keine schweren Kampfwagen, deren Räder die Straßen aufreißen, als Jesus in Jerusalem einzog. Die vor ihm hergingen, legten sogar ihre Kleider auf die Erde und einen Teppich aus Palmblättern auf die Straße, aber die zierlichen Füße eines Fohlens hätten sie ohnehin nicht verletzt. »Tut euch auf, ihr uralten Pforten, denn es kommt der König der Herrlichkeit!« (Ps 24,9) riefen sie, als Jesus, der Sohn der Jungfrau, Christus, den eine Frau zum König salbte, Jerusalem, die Tochter Zion, in der Zeit des vollen Frühlingsmondes besuchte.

Jerusalem ist immer noch beides, Mythos und Geschichte. Jerusalem ist Traum und Wirklichkeit geblieben. Die Träume gehören der Nacht. Am Tag aber drängen sich die Menschen aus aller Herren Länder in den engen Straßen, dazwischen die Schafe, Ziegen, Esel und Kamele.

Als Jesus in Jerusalem einzog, sah er die Opfertiere in ihren Fesseln, er sah die mitleidlosen Blicke der Menschen, und gestand seinen Freunden: »Meine Seele ist erschüttert« (Joh 12,27). Ja, manchmal graute ihm vor dem, was er hörte und sah.

Ihm entging nichts. Weder die wohlgefällige Gabe des reichen Mannes noch das bescheidene Opfer der armen Witwe. Zwei kleine Münzen hatte sie aus ihrem Beutel genommen und in die Schale geworfen. Ihn rührte das Dankopfer der Armen, er sah, daß sie nicht viel zu danken hatte.

Die Leute auf dem Tempelplatz waren längst auf den Rabbi aufmerksam geworden, der ständig von Neugierigen umlagert war. Einmal zerrten sie eine Frau zu ihm hin, als wäre sie ein Opfertier.

»Rabbi«, sagten sie in selbstgefälligem Eifer, »diese Frau wurde beim Ehebruch auf frischer Tat ertappt!« Welch einen Fang hatten sie gemacht! »Mose hat uns im Gesetz vorgeschrieben, solche Frauen zu steinigen.«

Ehrenwerte Herren befolgen unerschütterlich das formale Gesetz, wenn es darum geht, Gegner zu beseitigen. »Nun, was sagst du?« fragten sie, weil Jesus schwieg, als hätte es ihm die Sprache verschlagen, als sie in ihrer Siegesgewißheit vor ihm standen und die Frau benutzten, um ihn zur Strecke zu bringen. Er sah sie nicht an, starrte vor sich hin und malte im Sand, als ob er sich für seine Geschlechtsgenossen schämte und die Frau nicht anzusehen wagte in ihrer Erniedrigung.

Wer mag sie gewesen sein, diese unbekannte Jüdin? Sie sagten, sie hätten sie auf frischer Tat ertappt; aber ihren Partner hatten sie nicht mitgebracht. Demnach war er ein Andersgläubiger gewesen, ein Römer, ein Perser, ein Grieche, das weiß niemand. War sie verliebt und leichtsinnig gewesen oder abhängig von den Launen und Wünschen eines Dienstherren? Hatte sie nicht laut genug geschrien, oder hatte sie sich nach einem romantischen Abenteuer gesehnt? Vielleicht bildete sie sich ein, sie habe ein Recht auf Zärtlichkeit und Liebe?

»Nun, was sagst du?« drängten sie ungeduldig und stießen die Frau näher zu ihm hin, damit er sie endlich ansähe in ihrer Schande. In diesem Augenblick könnte Jesus gesagt haben: »Setzt euch, ich will euch eine Geschichte erzählen«, wie er es oft getan hat.

»Wißt ihr noch, wie unsterblich sich Juda blamierte, als er seinen Freund Hiram mit dem Ziegenbock ins Dorf schickte, um seine Liebespfänder einzulösen?« erinnerte er sie, »wie sicher er war in seiner Selbstgerechtigkeit, als er seine Schwiegertochter Tamar zum Scheiterhaufen bringen ließ, weil sie Unzucht getrieben hatte und schwanger war? Und wie peinlich es für ihn wurde, als sie beweisen konnte, daß er der Mann war, von dem sie ein Kind erwartete?« (Gen 38).

Oder vielleicht erzählte er ihnen von David, ihrem großen König, der einen Ehemann ermorden ließ, um nicht selbst als Ehebrecher erkannt zu werden, und daß Nathan zu ihm gesagt hatte: »Du bist der Mann!« (2 Sam 12,7).

Er hätte ihnen viele altbekannte Geschichten erzählen können. Aber vielleicht sprach er von ihnen, den ehrenwerten Herren, von ihren Gewohnheiten und Gepflogenheiten, von den Freudenhäusern in ihrer Stadt, die es nicht geben würde, wenn niemand Gebrauch davon machte. Ja, vielleicht sagte er doch noch mehr als nur diesen einen Satz: »Wer ohne Sünde ist, der werfe den ersten Stein«, denn es ging ja um das Leben einer Frau.

Wie es wirklich gewesen ist, weiß niemand. Nur die Tatsache, daß sich die Ankläger nach und nach verzogen, ist überliefert. Den Alten wurde es zuerst peinlich. Sie gingen möglichst unauffällig davon. Und dann verzogen sich auch die Jungen, die neugierigen Mitläufer. Nur die Frau ging nicht fort.

»Wo sind sie geblieben?« fragte Jesus sie, als habe er ihr Verschwinden nicht bemerkt, »hat dich keiner verurteilt?« In dieser Situation mußte sie alles andere erwartet haben als solche Fragen. Aber mit seiner Leichtigkeit, mit seinem Spott nahm er ihr die Todesangst, vertrieb er ihre Hilflosigkeit und Verlegenheit. »Keiner, Herr«, antwortete sie und stellte mit dieser kurzen Antwort ihr außerordentliches Selbstbewußtsein unter Beweis.

Danach wird sie davongegangen sein. Aber den Mann, der ihr beistand, ohne daß sie ihn anflehen und sich vor ihm erniedrigen mußte, der ihr weder peinliche Fragen stellte noch sie auf andere Art quälte, der keinerlei anzügliche Bemerkungen machte, der keinen Lohn forderte für seinen Liebesdienst, diesen Mann hat sie niemals vergessen. »Sagt der Tochter Zion, dein König kommt zu dir, ein Gerechter und ein Helfer« (Mt 21,5). Das hatte sie erfahren.

Mir begegnete in Jerusalem noch eine andere Frau. Auf dem Weg vom Tempelplatz zur Klagemauer ging sie neben mir her und erzählte mir ihre Geschichte. Nacheinander hatte sie sieben Männer heiraten müssen. So wollte es das Gesetz. Die Vorschrift hieß: »Wenn ein Mann, der einen Bruder hat, stirbt und eine Frau hinterläßt, aber kein Kind, dann soll sein Bruder die Frau heiraten und seinem Bruder Nachkommen verschaffen« (vgl. Deut 25,5 ff.). Männerbünde schaffen sich ihre eigenen Gesetze und sorgen dafür, daß sie eingehalten werden. Ihnen ging es weniger darum, einer Witwe zu helfen, als um die Zeugung eines Stammhalters.

»Es lebten einmal sieben Brüder. Der erste nahm sich eine Frau, und als er starb, hinterließ er keine Nachkommen. Da nahm sie der zweite; auch er starb, ohne Nachkommen zu hinterlassen, und ebenso der dritte. Keiner der sieben hatte Nachkommen. Als letzte von allen starb die Frau.« Diese Geschichte hatten sich einige kluge Männer allerdings nur ausgedacht, um von Jesus eine Antwort auf ihre Frage nach der Auferstehung der Toten zu bekommen. Aber nun begleitete mich diese arme Frau auf dem Weg zur Klagemauer. Verletzt, unverstanden, gedemütigt, ungeliebt schlich sie durch die Menschenmenge dahin.

Jesus hatte den Männern geantwortet: »Im Himmel herrschen andere Gesetze als auf der Erde. Dort wird nicht mehr geheiratet.« Damit gaben sie sich zufrieden. Aber die Frau sagte zu mir: »Auch er fand keine andere Lösung, als mich auf ein besseres Jenseits zu vertrösten.«

Unterdessen waren wir auf dem streng bewachten Platz vor der Klagemauer angekommen. Viele Männer und einige Frauen hatten sich dort eingefunden.

Wir wurden angewiesen, uns an die Frauenseite, an das kleinere Stück der Mauer zu begeben.

Zuerst ärgerte ich mich über diese Anordnung und über das Gitter, das sie aufgestellt hatten, um uns Frauen in unsere Schranken zu weisen. Aber als wir dann das Stück Mauer berührten, das uns zugedacht war, die Klagemauer der Frauen, da stimmte ich ergriffen und andachtsvoll in die Gebete ein, in die Seufzer und Klagen aller Mütter, Schwestern, Töchter und Ehefrauen. Ich überließ mich der Trauer über all das Unrecht, das Frauen in Gottes Namen angetan worden ist, an all das Unrecht in endlosen Jahren. »Tochter Zion, was hast du verbrochen?« fragte ich, aber ich bekam keine Antwort.

Statt dessen hörte ich plötzlich die laute Stimme des Propheten in meinen Ohren, die schrie: »Du sollst dich erinnern, Tochter Zion, sollst dich schämen und vor Scham nicht mehr wagen, den Mund zu öffnen, weil ich dir alles vergebe, was du getan hast, spricht Gott, der Herr« (Ez 16,63).

Ja, ich erinnere mich. In Jerusalem, an der Klagemauer der Frauen, habe ich den Mund aufgemacht und Anklage erhoben. Die Steine haben es gehört.

Jerusalem
Die schlafende Maria

Auf dem Zionsberg in Jerusalem besuchten wir die Jungfraumutter Maria, die dort unter der Erde in ewigen Schlaf gesunken ist. In der dämmrigen Krypta der Dormitions-Abtei liegt sie in ihrem Bett und schläft.

Ihre Ruhestätte ist mit einem Gitter umgeben. Über ihrem Bett wurde ein Baldachin angebracht, auf dem sechs biblische Frauen abgebildet sind, die ihren Schlaf bewachen. Es sind Eva, Mirjam, Jael, Ruth, Judith und Maria Magdalena. An den Seitenwänden des unterirdischen Schlafgemachs sind lebensgroße Marienbilder ausgestellt, Künstler aus aller Welt haben sie gemalt.

Außer uns befand sich noch eine zyprische Reisegruppe in dem engen Raum. Die Frauen trugen schwarze Kleider, schwarze Schuhe und schwarze Kopftücher, die Männer schwarze Anzüge. Andächtig bekreuzigten sich die Frauen vor der liegenden Figur, die entrückt und dennoch gegenwärtig, gepflegt und schön in ihrem Bett lag. Ein schlafendes Dornröschen, ewig jung, unsterblich im Schoß der Erde, makellos.

Die dumpfe Stille in der dämmrigen Höhle verschluckte das ununterbrochene Rascheln und Scharren und Raunen. Das Kommen, Verweilen und Gehen der Gläubigen, ihre ehrfürchtigen Kniefälle und Verbeugungen störten die Schlafende nicht.

In der Nähe der Eingangstür standen die Männer der zyprischen Pilgergruppe. Ergriffen, andächtig, ein wenig verlegen betrachteten sie die Schlafende.

Eine der Frauen stellte ihre schwere Reisetasche ab, öffnete sie und entnahm ihr eine Plastikflasche. Während sie sie aufschraubte, beugte sie sich weit über das Absperrgitter und verrieb mit flinken Bewegungen eine hellgrüne, cremige Flüssigkeit auf dem Kopf der Gottesmutter.

Sprachlos wie alle Anwesenden hatten die ehrwürdigen Wächterinnen zu Häupten der Madonna der Salbung zugesehen. Was mochten sie davon halten, daß eine Frau ihren Gefühlen freien Lauf ließ, daß sie Grenzen überwand, ohne um Erlaubnis zu fragen?

Ich sah die Frauen auf dem Baldachin der Reihe nach an. Mir schien, als ob Eva ein wenig sorgenvoll auf ihre leblose Tochter hinabblicke. Mirjam hatte ihr Trommeln unterbrochen. Jael hielt den Pflock und den Hammer unschlüssig in der Hand. Ruth legte ihr Ährenbündel ab. Judith zeigte der schlafenden Unschuld einen abgeschlagenen Männerkopf. Maria Magdalena verschloß ihre Salbölflasche. Ein süßer Duft durchzog den Raum.

Die Unbekannte hatte den Raum betreten, das Absperrgitter überwunden und die Gottesmutter gesalbt, und die sechs unerschrockenen Wächterinnen ließen es geschehen. Niemand schalt die Fremde. Und Maria, die Tochter Gottes, die Mutter Jesu, die Braut des Heiligen Geistes, die schlafende Maria lächelte im Traum.

Vielleicht war das Lächeln, das ich auf ihrem Gesicht zu erkennen glaubte, schuld daran, vielleicht war das Lächeln, das sich im Raum ausbreitete, auch auf meinem Gesicht, die Ursache dafür, daß ich mich über diese schlafende Göttin im Zionsberg, unter den Fundamenten der Kirche, zu ärgern begann und daß mir diese Maria im Bauch der Erde plötzlich wie das Urbild der verdrängten Weiblichkeit erschien.

Unendlich viele Jahre hat sie die Zeit verschlafen. Die Dornenhecke wuchs höher und höher. Alle Tore wuchsen zu, und die Rosen betäubten die Gläubigen mit ihrem Duft. Kein Prinz erschien, um sie wachzuküssen. Und so liegt sie immer noch da, passiv und regungslos, aufgebahrt wie eine Tote.

Ich bin so nahe an sie herangetreten, wie es mir möglich war, und habe versucht, mich mit ihr zu verständigen. Aber sie hat mich nicht bemerkt. Meiner zyprischen Schwester scheint sie vertraut zu sein; aber mir ist sie fremd. Ist denn ein Herz verstockt, das nicht an dich glaubt, Maria? Ist denn ein Verstand verwirrt, der dich nicht denken kann?

Ich sagte zu ihr: »Du Göttin der Lilien und Rosen, du Himmelskönigin mit deinem Sternenheer und dem fruchtbaren Mond, Unsere Liebe Frau, wach auf! Maria, in meinem Herzen wach auf, in deiner Kirche, in deiner ganzen Welt, damit wir erkennen, was wir verloren haben.« Aber sie hörte mich nicht.

Ich sagte zu ihr: »Meine Schwestern kennen dich anders, Maria. Sie haben dein ›Siehe, hier bin ich!‹ gehört und deine Prophezeiung, daß die Geringen eines

Tages bedeutender und die Bedeutenden geringer sein werden, damit sie nichts mehr voneinander trennt. So möchte ich dich, Hohe Frau, weise und hellwach, so wie du einmal gewesen bist, und daß du wieder lebendig wärest in jeder Frau.«

Als ich die Wächterinnen zu Häupten der Schlafenden ansah, erkannte ich in ihnen die Ebenbildlichkeit der Gottesmutter mit Eva, Mirjam, Jael, Ruth, Judith und Maria Magdalena.

Bewußt und verantwortlich hat sie die Frucht vom Baum der Erkenntnis gepflückt. Sie hat den Exodus ihres Volkes angeführt, singend und tanzend zog sie vor ihnen her aus der Sklaverei. Ihrem Mut, ihrer Unerschrockenheit verdankte das Land den Frieden, in ihrem Zelt beendete sie den Krieg. Sie hat die Ähren aufgelesen und das Saatgut vor dem Verderben bewahrt. Den sieggewohnten Herrscher erschlug sie mit seinen eigenen Waffen. Und als die Zeit erfüllt war, lag Christus in ihren Armen, der Liebling der Frauen. Sie hat ihn gesalbt zum ewigen Leben.

Wach auf, Maria, schrei es heraus, was man dir angetan hat, als man dich lebendig begrub, dich mundtot machte und unfruchtbar werden ließ!

Aber sie rührte sich nicht. Und ich fragte mich, woher meine Schwestern die Hoffnung nehmen, daß sie, die Göttin des Himmels und der Erde, eines Tages wieder erwachen wird. Sie sagen: »Sie wird sich erheben, aus der Erde hervorbrechen und die Herzen der Menschen zurückerobern. Niemand schläft ewig.«

Aber ich habe sie gesehen. In der Krypta der Dormitions-Abtei, tief in der Erde des heiligen Berges, liegt sie, die mächtigste Frau der Welt, und schläft.

Gethsemane

Eine Frau träumt

Bibeltexte siehe S. 217

Ob die Olivenbäume im Garten Gethsemane wirklich zweitausend Jahre alt sind, weiß niemand. Aber daß diese verehrungswürdigen Baumgreise uralt sind, ist unbestritten. Generationenlang haben sich ihre dicken Stämme zerteilt und unabhängig voneinander weiterentwickelt, bis aus einem einzigen Baum ein Volk von Stämmen, Ästen und Zweigen geworden ist. Die verwachsenen, verknorpelten, geborstenen, runzligen Baumveteranen sind ausgedörrt, ausgelaugt, altersschwach, zäh und hart. Sie sehen aus, als wären sie hart wie Stein. Aber sie sind lebendig geblieben, sie sind belaubt, blühen und tragen Früchte.

Unter und neben den Urbäumen wachsen Kräuter, Sträucher und Blumen. Der Garten Gehtsemane ist ein gepflegter kleiner Klostergarten. Vor allem gefielen mir die wildwachsenden Alpenveilchen mit ihren rosa Blüten.

Der Überlieferung nach gehörte der Olivenhain am Ölberg zur Zeit Jesu einer Frau, Maria, der Mutter des Johannes mit dem Beinamen Markus[56]. Jesus hat in ihrem Garten manche Nacht mit seinen Freunden verbracht. Damals gab es das Franziskanerkloster noch nicht, zu dem der Garten jetzt gehört. Auch nicht die Kirche der Nationen, die Kirche der Jungfrau Maria, die Maria-Magdalena-Kirche, die Himmelfahrtskirche oder das Karmelitenkloster vom Vaterunser. Vielleicht war der Garten aber damals schon von einer schützenden Mauer umgeben. Und vielleicht gab es dort eine Höhle oder einen gemauerten Unterschlupf zum Schutz vor der Nachtkälte. Wer weiß, wie er wirklich gewesen ist.

Als ich den Kiesweg entlangging und durch den schmiedeeisernen Zaun in den Garten sah, versuchte ich mir auszumalen, was sich hier, an diesem friedlichen Ort, in jener Nacht abspielte, in der Jesus verraten wurde.

Selbst am hellen Aprilmorgen fiel es mir nicht schwer, mir vorzustellen, wie der Fackelzug sich langsam durch die Kidronschlucht den Ölberg hinaufbewegte. Der Feuerschein beleuchtete die Gesichter der Männer. Ihre Stimmen, das gelegentliche Klirren ihrer Waffen, ihr stampfender Marschtritt, alle Geräusche waren deutlich bis hierher zu hören. Die schlaftrunkenen Jünger wurden auf sie aufmerksam und sahen sie näher und näher kommen. Als sie den Garten erreicht hatten und der Anführer befahl, die Eingänge zu besetzen, versteckten sich die Freunde hinter der Mauer und unter den Bäumen.

Aber Jesus ging ihnen unerschrocken entgegen und fragte: »Wen sucht ihr?« »Jesus von Nazareth!« war die Antwort. »Ich bin es«, sagte Jesus, als wüßte er nicht, was ihn erwartete.

Damit wäre ihre Mission erfüllt gewesen. Aber die Soldaten und Gerichtsdiener waren nicht wegen solch einer harmlosen Angelegenheit zu nachtschlafender Zeit ausgerückt. Sie hatten es sich schwieriger vorgestellt, einen gefährlichen Widerstandskämpfer einzufangen. Sie hatten keine Lust, ihr nächtliches Abenteuer abzubrechen, bevor es überhaupt begonnen hatte, darum fingen sie an, die Freunde des Angeklagten durch den Garten zu hetzen, anstatt ihn abzuführen. Sie wollten ihren Spaß haben. Ihr schallendes Gelächter drang bis ins Kidrontal, als ein junger Mann sein loses Gewand verlor und nackt über die Mauer sprang.

Jesus sagte zu ihrem Wortführer: »Ich habe euch gesagt, daß ich es bin, den ihr sucht. Laßt die anderen in Ruhe!«, woraufhin der Kommandant dem Treiben ein Ende machte. Er pfiff seine Leute zusammen und ließ Jesus Handschellen anlegen. Sie nahmen ihn in die Mitte und führten ihn zum Palast des Hohenpriesters, wie es ihnen befohlen war.

Seine Freunde waren entsetzt, hilflos und zugleich erfüllt von Rachegefühlen. Während einige von ihnen der Wache in sicherer Entfernung nachschlichen, liefen die anderen in die entgegengesetzte Richtung nach Bethanien, um Martha, Simon den Aussätzigen und die anderen Freundinnen und Freunde von seiner Verhaftung zu unterrichten.

Im Garten am Ölberg war es danach totenstill. Der Mond tauchte Bäume, Mauern, Blumen und Sträucher in eine fahle, milchweiße Dämmerung. Eine Ruhe hatte sich über den Garten ausgebreitet, die entsetzlich war in ihrer Teilnahmslosigkeit. Die Nacht war kalt, und die eben noch menschenwarme Höhle war wie ein Grab. Noch bebte die Erde nicht. Es war, als halte sie den Atem an, als habe sie der Ostermond in seiner Gewalt.

In dieser Nacht träumte eine Frau in Jerusalem: »Es erschien ein großes Zeichen am Himmel: Eine Frau war mit der Sonne bekleidet; der Mond war unter ihren Füßen und ein Kranz von zwölf Sternen auf ihrem Haupt. Sie war schwanger und schrie vor Schmerzen in ihren Geburtswehen. Dann erschien ein anderes Zeichen am Himmel: ein Drache, groß und feuerrot, mit sieben Köpfen und zehn Hörnern und mit sieben Diademen auf seinen Köpfen. Sein Schwanz fegte ein Drittel der Sterne vom Himmel und warf sie auf die Erde herab. Der Drache stand vor der Frau, die gebären sollte; er wollte ihr Kind verschlingen, sobald es geboren war. Und sie gebar das Kind, einen Sohn, der über alle Völker mit eisernem Zepter herrschen wird. Und ihr Kind wurde zu Gott und zu seinem Thron entrückt. Die Frau aber floh in die Wüste, wo Gott ihr einen Zufluchtsort geschaffen hatte; dort versorgte man sie mit Nahrung zwölfhundertsechzig Tage lang.

Als der Drache erkannte, daß er auf die Erde gestürzt war, verfolgte er die Frau, die den Sohn geboren hatte. Aber der Frau wurden die beiden Flügel des großen Adlers gegeben, damit sie in die Wüste an ihren Ort fliegen konnte. Dort war sie vor der Schlange sicher und wurde eine Zeit und zwei Zeiten und eine halbe Zeit ernährt. Die Schlange spie einen Strom von Wasser aus ihrem Rachen hinter der Frau her, damit sie von den Fluten fortgerissen werde. Aber die Erde kam der Frau zu Hilfe, sie öffnete sich und verschlang den Strom, den der Drache aus seinem Rachen gespien hatte. Da geriet der Drache in Zorn über die Frau und ging fort, um Krieg zu führen mit ihren übrigen Nachkommen, die den Geboten Gottes gehorchten und an dem Zeugnis für Jesus festhielten. Und der Drache trat an den Strand des Meeres« (Offb 12,1–6. 13–18).

Sie schrie im Traum, als der Drache näher und näher kam. Ihre Kammerzofe wachte auf, warf sich ein Tuch über die Schultern und eilte zu ihr. Sie sah ihre Herrin aufrecht im Bett sitzen, schweißnaß, und sie wie einen Geist anstarren. Nachdem es ihr gelungen war, sie zu beruhigen, lehnte sich die Frau des Pilatus erschöpft in die Kissen zurück und sagte:

»Ich sah ein Tier aus dem Meer steigen, mit zehn Hörnern und sieben Köpfen. Auf seinen Hörnern trug es zehn Diademe und auf seinen Köpfen Namen, die eine Gotteslästerung waren. Das Tier, das ich sah, glich einem Panther, seine Füße waren wie die Tatzen eines Bären und sein Maul wie das Maul eines Löwen. Und der Drache hatte ihm seine Gewalt übergeben, seinen Thron und seine große Macht. Einer seiner Köpfe sah aus wie tödlich verwundet; aber die tödliche Wunde wurde geheilt. Und die ganze Erde sah dem Tier staunend nach. Die Menschen warfen sich vor dem Drachen nieder, weil er seine Macht dem Tier gegeben hatte; und sie beteten das Tier an und sagten: ›Wer ist dem Tier gleich, und wer kann den Kampf mit ihm aufnehmen?‹ Und es wurde ermächtigt, mit seinem Maul anmaßende Worte und Lästerungen auszusprechen; es wurde ihm Macht gegeben, dies zweiundvierzig Monate zu tun. Das Tier öffnete sein Maul, um Gott und seinen Namen zu lästern, seine Wohnung und alle, die im Himmel wohnen. Und es wurde ihm erlaubt, mit den Heiligen zu kämpfen und sie zu besiegen. Es wurde ihm auch Macht gegeben über alle Stämme, Völker, Sprachen und Nationen. Alle Bewohner der Erde fielen nieder vor ihm; alle, deren Namen nicht seit der Erschaffung der Welt eingetragen sind ins Lebensbuch des Lammes, das geschlachtet wurde« (Offb 13,1–8).

Die beiden Frauen flüsterten miteinander. Sie versuchten, den Traum zu deuten, ihm einen Sinn zu geben. Aber es gelang ihnen nicht. Noch war Tiberius der Beherrscher der Welt. Nero war noch nicht geboren. Rom war noch nicht verbrannt und Jerusalem noch nicht zerstört. Noch war ihre Welt in Ordnung. Und doch war es ihnen, als habe sich der Vorhang, der die Zukunft verbirgt, in dieser Nacht einen Spalt breit geöffnet.

Die Fackeln im Hof, die kurzen Befehle, der Marschtritt der Kohorte erschreckten sie aufs neue. Auch im Haus wurde es laut. Jemand klopfte an Türen, jemand eilte die Treppen hinauf, jemand sprach mit den Wächtern und Dienern. Sie hörten des Pilatus Stimme, wie er fragte und Antwort bekam. Die Zofe erbot sich, Erkundigungen einzuholen. Sie verließ das Schlafgemach und verschwand in den halbdunklen Gängen des Palastes.

Als sie zurückkam, wurde es bereits hell. Sie berichtete ihrer Herrin, was sie in Erfahrung gebracht hatte, auch über die Ereignisse am Ölberg.

»Im Hof traf ich die Sklavin des Hohenpriesters«, erzählte sie. »Sie zeigte mir einen Mann, von dem sie wußte, daß er ein Freund des gefangenen Galiläers war. Ich ging zu ihm und fragte ihn nach Einzelheiten über seinen Freund. Aber er behauptete, er kenne diesen Menschen nicht. Darüber lachten die Soldaten. Und auch seine Sprache verriet ihn.«

Sie berichtete weiter, daß sich der Herr Statthalter in den Gerichtssaal begeben habe, um den Gefangenen zum Tod zu verurteilen, wie es der Hohepriester Kajaphas und dessen Schwiegervater Hannas und der Hohe Rat dringend forderten. Sie hätten es sehr eilig, weil die Juden morgen ihr großes Frühlingsfest feiern wollten.

Ihre Herrin fragte nach dem Namen und dem Verschulden des Angeklagten. Die Zofe sagte: »Einige halten ihn für den Messias, den Heiland und Erlöser der Menschheit, sie nennen ihn Sohn Gottes. Sein Name ist Jesus von Nazareth.«

Als sie seinen Namen hörte, fuhr sie erschrocken auf. Die Traumbilder wurden Wirklichkeit! Der Drache stand vor der Frau und wollte das Kind verschlingen und mit ihm alle, die an ihm festhielten!

Sie ließ sich ein Blatt Papier bringen und schrieb: »Laß die Hände von diesem Mann, er ist unschuldig. Ich hatte seinetwegen heute nacht einen schrecklichen Traum« (Mt 27,19). Sie versiegelte den Brief und gab ihn ihrer Zofe mit dem Auftrag, ihn augenblicklich ihrem Gatten zu bringen.

Die Dienerin eilte zum Prätorium, übergab dem Gerichtsdiener die eilige Botschaft, der brachte sie unverzüglich in den Gerichtssaal und händigte sie Pilatus aus. Die Zofe hatte sich in den Saal geschlichen und sah, wie er das Siegel aufbrach, die Nachricht seiner Gemahlin las und den Brief nachdenklich in sein Gewand steckte.

In der Nacht, in der Jesus verraten und verurteilt wurde, litt jemand um ihn im Traum. Eine Fremde, eine Römerin, eine Frau. Der Legende nach wurde ihr Ehemann, Pontius Pilatus, ein Christ. In der äthiopischen Kirche wird er sogar als Heiliger verehrt, sein Gedenktag ist der 25. Juni[57]. So wurde der Hingerichtete zum Gott seines Richters, weil eine Frau um ihn im Traum gelitten hatte.

Seltsame Geschichten werden lebendig im Heiligen Land. Die Erde ist voll von Erinnerungen, von wahren und halbwahren und erdachten Geschichten, von Erlebnissen, die wirklich stattgefunden haben, und solchen, die die Sehnsüchte und Hoffnungen der Gläubigen sind.

Könnten die Bäume im Garten Gethsemane reden,

erzählten sie von dem, was sich während ihres Lebens in Jerusalem zugetragen hat, ein Menschenleben reichte nicht aus, um ihnen zuzuhören.

Jerusalem

Die Frauen am Grab

Bibeltexte siehe S. 218

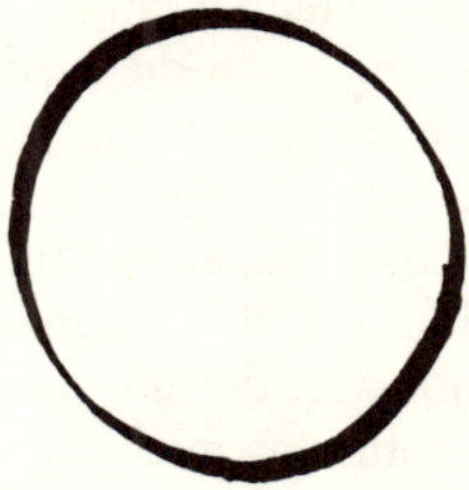

Um 330 n. Chr. unternahm Helena Augusta, die Mutter von Kaiser Konstantin, ihre Pilgerreise ins Heilige Land. In Jerusalem wurden ihr Kreuze aus der Römerzeit gezeigt, die in einem alten Brunnenschacht lagen. Helena ließ den Fundort mit den Angaben der Evangelisten vergleichen. Als sie in der Nähe des Brunnens auch noch Felsengräber entdeckte, war sie überzeugt davon, Golgatha und das Grab Christi entdeckt zu haben. Sie veranlaßte den Bau einer Kirche über den Fundstellen[58].

Trotz Zerstörungen und Wiederaufbauten – die jetzige Kirche stammt aus dem 12. Jahrhundert – ist diese Grabeskirche bis heute ein christliches Zentralheiligtum geblieben. Eingeschlossen wie in ein Tabernakel, befindet sich das Heilige Grab in einer kleinen Kapelle inmitten der großen Kirche.

Nach einem ausgedehnten Rundgang durch die weitläufige Kirche schlossen wir uns den Wartenden vor der Kapelle an. Ich vertrieb mir die Wartezeit, indem ich mir bewußtmachte, daß Helenas Kirche mit Menschen aus allen Ländern der Erde, mit ihrem Atem, ihren Worten, mit dem Scharren ihrer Füße angefüllt war. Brennende Kerzen, Weihrauch, Stoffe und Tücher, Altarbekleidungen, Wandbehänge, der Geruch von alten Steinen, von Metall, Holz und Leder, die vielfältigen Gerüche, die den Kleidern der Reichen und Armen seit unvorstellbar langer Zeit entströmten, all diese Gerüche und auch die Gedanken, die diese Kirche ebenso wie meinen Kopf anfüllten, machten mich benommen.

Schließlich war das Warten vorbei, und wir gingen durch einen Vorraum in das Innere der Kapelle. Neben einem Marmorsarg, der mit einer Marmorplatte fest verschlossen war, was mich sehr wunderte, denn ich hatte mir das Grab offen vorgestellt, saß ein bärtiger orthodoxer Priester im schwarzen Ornat und las in der Bibel.

Das ist es also, was die Wallfahrer im Herzen der Grabeskirche erwartet: ein festverschlossenes Grab und ein Stellvertreter Christi, dessen Lebensaufgabe es ist, die Botschaft des Auferstandenen zu studieren, zu hüten und zu verkündigen. Aber dieser war stumm.

In Jerusalem gibt es noch ein zweites Grab Christi, das sogenannte Gartengrab, das erst vor 150 Jahren entdeckt worden ist. Es befindet sich außerhalb der Stadtmauer in der Nähe des Damaskustores in einem zauberhaften Garten.

Rechts und links der schmalen Wege blühte und

duftete es. Kapern, Rosen, Alpenveilchen, Lilien, blühende Büsche und Bäume wachsen dort in der fruchtbaren, schweren roten Erde. Dieser Garten ist wie eine Oase in Jerusalem. In einer Felsenwand befindet sich das Grab aus der Römerzeit. Der Rollstein, mit dem die Graböffnung verschlossen werden konnte, wurde bei den Ausgrabungsarbeiten nicht gefunden. Nur die steinerne Rille, in der er bewegt werden konnte, ist ein Beweis dafür, daß es ihn einmal gegeben hat.

Auf dem Grundstück befindet sich eine große Zisterne, die heute noch zur Bewässerung des Gartens genutzt wird. Auch die Ölpresse, die dort gefunden wurde, deutet auf die Wohlhabenheit des ehemaligen Gartenbesitzers hin.

Ein naher Felsen, der als das biblische Golgatha bezeichnet wird, hat die Form und die Züge eines Totenschädels. Vom Garten aus ist er gut zu erkennen.

Im Gegensatz zur Grabeskirche waren wir am Gartengrab die einzigen Gäste an diesem Morgen. Überhaupt war hier alles anders als in der düsteren Kirche, lebendiger. Ein Araber harkte die Wege, und eine Frau erzählte uns die Ostergeschichte.

Wir sahen uns das Grab aus der Nähe an. Die Höhle enthält drei einfache Kammern, die aus dem Felsen herausgeschlagen worden sind. Sie sind leer. Es gibt dort keinen verschlossenen Marmorsarg, weder Weihrauch noch Kerzenschein oder einen verordneten Wächter im priesterlichen Kleid. An der schmucklosen, geöffneten Holztür steht auf einer einfachen Tafel der Hinweis: »Er ist nicht hier. Er ist auferstanden.« Diese Botschaft berührte mich, als hörte ich sie hier und jetzt zum ersten Mal, dabei war sie mir von jeher vertraut gewesen.

Nachdenklich ging ich die verschlungenen Wege des Gartens entlang. Obwohl es natürlich nicht bewiesen ist, zweifelte ich keinen Augenblick daran, daß dieser

Garten einmal dem Ratsherren Josef von Arimathäa gehört hatte. Ich setzte mich auf eine Bank, dem Grab gegenüber.

So viele theologische Auslegungen, Karfreitags- und Osterpredigten fielen mir ein, daß es mir schwerfiel, eigene Gedanken zu denken und mir vorzustellen, was sich hier vor zweitausend Jahren zwischen Karfreitag und Ostersonntag ereignet hat. Die Berichte der Evangelisten stimmen nicht völlig überein. Einiges hätte ich gern genauer gewußt.

Übereinstimmend ist in den Evangelien überliefert, daß die Frauen Jesus keinen Moment aus den Augen ließen. Sie blieben immer bei ihm und bewiesen dem Verurteilten dadurch ihre Liebe und unwandelbare Treue. Josef und Nikodemus waren von ihren Überlegungen in Anspruch genommen, die vielleicht der Rettung des Gekreuzigten galten. Und die Jünger waren geflohen. Ob die Frauen es wirklich nicht gewußt haben, daß Josef von Arimathäa Pilatus um den Leichnam bat? Vielleicht haben sie die Einzelheiten erst nach und nach von Longinus erfahren?

Dieser Longinus, der dann später heiliggesprochen wurde, war der Legende nach der wachhabende Hauptmann auf Golgatha gewesen. Mit seiner Lanze hatte er Jesus die Haut geritzt, um seinen Tod zu beweisen[59].

Als Josef den Statthalter um den Leichnam des gekreuzigten Galiläers zum Zweck der Beisetzung bat, war Pilatus überrascht, als er hörte, daß Jesus schon tot sei. Er ließ den Hauptmann kommen und fragte ihn, ob Jesus bereits gestorben sei. Als der Hauptmann ihm das bestätigte, überließ er Josef den Leichnam (Mk 15, 42–47).

»Josef von Arimathäa war ein Jünger Jesu, aber aus Furcht vor den Juden nur heimlich. Er bat Pilatus, den Leichnam Jesu abnehmen zu dürfen, und Pilatus erlaubte es. Also kam er und nahm den Leichnam ab. Auch Nikodemus kam, der früher einmal Jesus bei Nacht aufgesucht hatte. Er brachte eine Mischung aus Myrrhe und Aloe, etwa hundert Pfund« (Joh 19,38 f.).

Eigentlich mußten die Frauen doch sehr erstaunt darüber gewesen sein, daß Josef und Nikodemus, beide Mitglieder des Hohen Rates und angesehene, reiche Bürger, sich auf der Hinrichtungsstätte persönlich um Jesus kümmerten. Josef nahm ihn eigenhändig vom Kreuz, und Nikodemus brachte an die hundert Pfund Salbe – das sind ungefähr zweiunddreißig Kilogramm – zur Schädelstätte. Ob die Frauen den Männern geholfen hatten, die Salbenmischung auf das saubere Leinen zu verstreichen und den geschundenen Körper damit zu umhüllen? Oder haben die vornehmen Ratsherren das auch eigenhändig getan?

Ich versuchte, mir die Zusammenhänge deutlich zu machen. Bereits vor einiger Zeit hatte Nikodemus sich verdächtig gemacht, als er bei einer Sitzung des Hohen Rates für Jesus Partei ergriff. »Verurteilt etwa unser Gesetz einen Menschen, bevor man ihn verhört und festgestellt hat, was er tut?« hatte er gefragt (Joh 7,51).

Josef stellte dem Geächteten sein eigenes Grab zur Verfügung. »Er ging zu Pilatus und bat um den Leichnam Jesu« (Lk 23,52). Die beiden Ratsherren riskierten sehr viel und ebenso der Hauptmann, der zu verhindern wußte, daß Jesus die Knochen gebrochen wurden wie den anderen Gekreuzigten, und laut und deutlich bekannte: »Wahrhaftig, dieser Mensch war Gottes Sohn« (Mk 15,39). Und das war noch nicht alles, was sie für ihn taten.

Leider hielten die Frauen die vorgeschriebene Feiertagsruhe ein, selbst in dieser außerordentlichen Situation, darum weiß niemand, was sich während des Sabbats im Garten abspielte. Daß sich dort etwas ereignete, geht daraus hervor, daß einige besorgte Juden Pilatus um die Bewachung des Grabes baten.

»Am nächsten Tag gingen die Hohenpriester und die Pharisäer gemeinsam zu Pilatus; es war der Tag nach dem Rüsttag. Sie sagten: ›Herr, es fiel uns ein, daß dieser Betrüger, als er noch lebte, behauptet hat: Ich werde nach drei Tagen auferstehen. Gib also den Befehl, daß das Grab bis zum dritten Tag sicher bewacht wird. Sonst könnten seine Jünger kommen, ihn stehlen und dem Volk sagen: Er ist von den Toten auferstanden. Und dieser letzte Betrug wäre noch schlimmer als alles zuvor.‹ Pilatus antwortete ihnen: ›Ihr sollt eine Wache haben. Geht und sichert das Grab, so gut ihr könnt.‹ Darauf gingen sie, um das Grab zu sichern. Sie versiegelten den Eingang und ließen die Wache dort« (Mt 27,62 ff.).

Da sich das Grab auf dem Grundstück eines unbescholtenen, angesehenen Bürgers befand, werden die Soldaten nicht das Grab, sondern den Eingang des Gartens bewacht haben. Wußten sie denn, ob es nicht schon leer war? Das überprüften sie erst, als der Auferstandene den Frauen bereits begegnet war. Später ließen sie sich dann für viel Geld dazu verleiten, in Jerusalem das Gerücht zu verbreiten, die Jünger hätten den Leichnam des Gekreuzigten gestohlen (Mt 28,11 ff.). Es muß den Hohen Rat einiges gekostet haben, daß die Soldaten sich auf die Behauptung einließen: »Wir haben während unseres Dienstes geschlafen«, wie es die Herren von ihnen verlangten.

Die Spekulationen um den Tod und die Auferstehung Jesu haben bis heute nicht aufgehört. Den Berichten der Evangelisten zufolge verließ Jesus das Grab in Josefs Garten und erschien zuerst den Frauen, danach den Jüngern, danach vielen Menschen in Jerusalem, Emmaus, Bethanien und am See Genezareth.

»Frau, warum weinst du?« fragten die Engel Maria.

»Frau, warum weinst du?« fragte Jesus Maria (Joh 20,13.15). Warum sollte sie nicht weinen? Sie hatte sein Leiden und seinen Tod miterlebt und ihn verloren. Klagend und weinend suchte sie ihn, genauso wie die Frauen es in den uralten Mythen getan haben, in denen sie ihrem Heros bis in die Unterwelt folgten.

Ich habe mir die schmerzverzerrten Gesichter, die entsetzten, hilflosen Gesten der Frauen unter dem Kreuz auf den Gemälden alter Meister aufmerksam angesehen. Was geht in einer Mutter vor, deren Kind in ihrer Gegenwart zu Tode gequält wird? Was empfindet eine Frau, die miterlebt, wie ihr Freund geschlagen, getreten, gefoltert, gedemütigt wird? Es muß die Hölle sein.

Niedergefahren zur Hölle. Freiwillig hatten die Frauen sein Leiden miterlebt. Sie waren unschuldig wie er. Von Karfreitag bis Ostersonntag hielten sie bei ihm aus im Reich des Todes. Als sie ihm gegenüberstanden, muß es gewesen sein, als wären sie selbst auferstanden. »Jesus lebt, mit ihm auch ich, Tod, wo sind nun deine Schrecken!«

Warum glaubten die Männer ihnen nicht? Lag es daran, weil sie sich verkrochen hatten, um von dem entsetzlichen Ende ihres Meisters nichts hören und sehen zu müssen, weil sie seinem Leiden nicht gewachsen waren? Oder waren sie viel zu sehr mit ihren Bittgängen und klugen Überlegungen beschäftigt gewesen, als daß sie mit ihm in die Tiefe der Hölle hinuntersteigen konnten?

Mir leuchtete ein, daß der Auferstandene denen, die ihn nicht einsam und allein sterben ließen, sondern bei ihm wachten und aushielten, daß er den Frauen zuerst begegnen wollte.

Ich dachte auch darüber nach, daß die Ostergeschichte viel Ähnlichkeit mit der Weihnachtsgeschichte hat: die Höhle, die Nacht, die Engel, Maria… Seine Auferstehung war seine Geburt zum ewigen Leben. Einmal hatte er zu dem Ratsherren Nikodemus gesagt: »Wenn jemand nicht von neuem geboren wird, kann er das Reich Gottes nicht sehen« (Joh 3,3).

So wenig, wie der Zimmermann Josef die Freudenwoge nachempfinden konnte, die Maria erfaßte, als ihr der Engel erschienen war, um ihr die Geburt des Erlösers anzukündigen, so wenig verstanden Petrus und die anderen Jünger das Gefühl, das Maria und die Frauen durchströmte, als ihnen die Engel die Auferstehung Jesu von den Toten verkündeten und sie dem Auferstandenen begegnet waren.

Die Jünger erkannten ihn erst daran, wie er das Brot brach. »Und als er mit ihnen bei Tisch war, nahm er das Brot, sprach den Lobpreis, brach das Brot und gab es ihnen. Da gingen ihnen die Augen auf, und sie erkannten ihn« (Lk 24,30). Das war *ihre* leibliche Ostererfahrung. Ein wenig später, ein wenig anders, aber für sie eindrucksvoller als das Erlebnis der Frauen, das sie nicht nachvollziehen konnten.

So ist es bis heute geblieben, dachte ich, als wir das leere Grab und den Garten verließen: Unser Glaube beruht auf Erfahrung. Niemand sieht Gott durch fremde Augen. Die Frauen hatten zu den Männern gesagt: »Geht nach Galiläa, dort werdet ihr ihn sehen.« Sie konnten sie nicht überzeugen, sie konnten sie nur auf den richtigen Weg bringen.

Und das haben sie getan.

Emmaus

Kirchenträume

Bibeltexte siehe S. 219

Der letzte Tag unserer Wallfahrt war angebrochen, es galt Abschied zu nehmen von Jerusalem. Wir fuhren noch einmal an der eindrucksvollen Stadtmauer entlang, die die Altstadt mit ihren jüdischen, christlichen, moslemischen Stadtteilen und Heiligtümern umschließt, und verließen Jerusalem in Richtung Tel Aviv.

Nach wenigen Kilometern unterbrachen wir unsere Fahrt in Abu Gosch. Es ist das biblische Kirjat Jearim, der Ort, in dem die Bundeslade zwanzig Jahre aufbewahrt wurde (1 Sam 6,21), bevor König David sie in seine Hauptstadt Jerusalem überführen ließ.

In Abu Gosch befindet sich das französische Kloster »Unsere Frau von der Bundeslade« (Notre Dame de l'Arche de l'Alliance). Den eigenartigen Zusammenhang zwischen Maria und der Bundeslade konnte ich während unseres kurzen Aufenthaltes leider nicht ergründen. Für was sich die Schwestern »Vom heiligen Josef von der Erscheinung« auch einsetzen mögen, die Namen ihres Klosters und ihres Ordens hören sich sehr eigenartig an. Ich hätte mich gern bei ihnen umgesehen und mich mit ihnen unterhalten.

Anstelle des Frauenklosters besuchten wir die Kreuzfahrerkirche. Im 12. Jahrhundert wurde sie auf den Ruinen einer römischen Festung errichtet. In ihre Außenwand ist ein Stein gemauert, auf dem zu lesen ist, daß hier eine Truppe der berühmten X. Legion stationiert war, die unter Titus 70 n. Chr. Jerusalem eroberte. Heute gehört die Kirche zu einem Benediktinerkloster.

In ihrer Krypta gibt es eine tiefe Zisterne. Ihr stilles, dunkles Wasser war mir unheimlich. Wer in das Wasser hinuntersteigt, wird ein Geheimnis entdecken, dachte ich; aber ich würde es nicht sein. Von der Krypta führten breite Stufen in das graue Kirchenschiff hinauf. Eine Wallfahrtsgruppe hatte sich dort zu einer Andacht versammelt. Jemand las die Ostergeschichte. »... und der Engel sprach, er ist nicht hier, er ist auferstanden.« Er ist nicht hier, dachte ich, als wir die düstere, graue Kirche wieder verließen.

Im Klostergarten beeindruckten mich dann wieder Israels Blumen, die zu Hause nur als Topfpflanzen blühen. Die reifen Zitronen, die dort als Fallobst liegenblieben, bestachen mich mit ihrem leuchtenden Gelb.

Das arabische Dorf Abu Gosch wird von einigen Christen für das biblische Emmaus gehalten. Dafür gibt es aber keine Beweise.

Auf der Weiterfahrt sahen wir rechts und links der Straße zerschossene und verrostete Fahrzeuge. Sie werden nicht fortgeräumt, weil sie an die Kämpfe erinnern sollen, die hier 1948 ausgetragen wurden. Diese Ruinen der Neuzeit, Überreste der Gegenwart, erschienen mir wie Symbole eines unaufhörlichen, unendlichen Krieges, von dem das Heilige Land seit undenklichen Zeiten nicht erlöst worden ist.

Dann erreichten wir das arabische Dorf Imwas, das ebenfalls als das biblische Emmaus bezeichnet wird. »Zwei Jünger waren auf dem Weg in ein Dorf namens Emmaus, das etwa elf Kilometer von Jerusalem entfernt ist. Sie sprachen miteinander über all das, was sich ereignet hatte. Während sie redeten und ihre Gedanken austauschten, kam Jesus hinzu und ging mit ihnen. Doch sie waren wie mit Blindheit geschlagen, so daß sie ihn nicht erkannten.«

Viele Worte wurden damals auf dem Weg nach Emmaus gewechselt. Die Jünger redeten, Jesus redete; aber sie redeten aneinander vorbei. Die Jünger fragten: »Bist du so fremd in Jerusalem, daß du als einziger nicht weißt, was in diesen Tagen dort geschehen ist?« und erklärten ihm alles von Anfang an.

»Wir aber hatten gehofft, daß er der sei, der Israel erlösen werde«, klagten sie und erzählten, daß einige Frauen aus ihrem Kreis sie in große Aufregung versetzt hätten. »Sie waren in der Frühe beim Grab, fanden aber seinen Leichnam nicht. Als sie zurückkamen, erzählten sie, es seien ihnen Engel erschienen und hätten gesagt, er lebe. Einige von uns sind dann zum Grab gegangen und fanden alles so, wie die Frauen gesagt hatten; ihn selbst aber sahen sie nicht.«

Als sie ihren Bericht beendet hatten, erklärte Jesus ihnen seinerseits die Zusammenhänge, angefangen von den Propheten bis zur Auferstehung. Aber sie begriffen nicht, was er ihnen sagen wollte.

Am Abend, als sie Emmaus erreicht hatten, luden sie Jesus in ihr Haus ein. Als er mit ihnen am Tisch saß, nahm er das Brot, sprach den Lobpreis, brach das Brot und gab es ihnen. Da erkannten sie ihn endlich. Als er das Brot brach, gingen ihnen die Augen auf.

Dabei wird das Brot von Emmaus ein ganz gewöhnliches Fladenbrot gewesen sein. Eine Frau hatte Mehl, Sauerteig und Wasser in einen Trog getan, den Teig geknetet, geformt und gebacken. Es fiel kein Stern vom Himmel, es ereignete sich kein anderes Wunder, als daß sie Jesus wiedererkannten an seiner Art, wie er das Brot brach. Im nachhinein überlegten die Jünger zwar: »Brannte nicht unser Herz, als er mit uns redete?« Aber ihr Verstand hatte nicht wahrhaben wollen, was ihr Herz fühlte.

Später saßen sie mit ihren Freunden in Jerusalem zusammen und erzählten davon, was sie mit Jesus erlebt hatten. Es klang immer noch verwundert, als sie sagten: »Wir erkannten ihn, als er das Brot brach.«

In Imwas werden Teile eines sehr alten Mosaikfußbodens für die Überreste jenes Hauses gehalten, in dem seine Jünger ihn erkannten. Über dem Mosaik wurde eine Kirche erbaut, von der inzwischen aber nur noch die Mauern vorhanden sind. Ich sah mich aufmerksam in der Ruine um. Hoch oben in der Apsis nistete ein Taubenpaar. Gelbe Blumen wuchsen in den Mauerritzen. Eine grüngraue Echse lag unbeweglich auf einem Stein. Als wir näherkamen, verschwand sie blitzschnell hinter den Steinen.

Die Ruine von Imwas berührte mich auf eine seltsame Weise. Weder die Deutsche Evangelische Kirche in Jerusalem mit ihrer protestantischen Nüchternheit noch der Felsendom mit seinen bunten, orientalischen Kostbarkeiten, nicht einmal Helenas wunderbare Kirche in Bethlehem kamen diesem Gotteshaus gleich. Die Kirche von Imwas war für mich etwas ganz Besonderes. Nicht wegen ihrer Mauern oder wegen der Mosaikreste, auch nicht wegen der Erinnerungen, sondern wegen des Himmels, der ihr Gewölbe ist.

Warum werden nicht alle Kirchen so gebaut, dachte ich, so himmelhoch und weit? Warum sind sie so eng und düster und vollgestopft mit Gegenständen aller Art? Ich stellte mir einen Gottesdienst im Sonnenschein vor, unter einem blauen Himmel, wo sich unsere Stimmen mit denen der Vögel mischten, wo grüne Blätter Schattenbilder zauberten und die Düfte von Busch und Baum, von Sonnenschein und Erde die Kirche füllten. Wo der Wind in unseren Lobpreis einstimmte.

Ich stellte mir einen Gottesdienst im Mondlicht, unter dem Sternenhimmel vor, hörte das Konzert der Nacht und sah das smaragdgrüne Funkeln der Glühwürmchen, das andächtige Tanzen und Wiegen der Feiernden und ein Mädchen, das still lächelnd mit leuchtenden Kugeln jonglierte zu leiser Flötenmusik.

Irgendwann, wenn ihre Decken eingestürzt sein werden, wird die Sonne in den Kirchen scheinen, wird der Regen sie vom Staub reinwaschen, werden wir die dunklen Höhlen verlassen und dem Himmel erlauben, an unseren Gottesdiensten teilzunehmen.

In Emmaus bekam ich zum ersten Mal eine Ahnung davon, daß solche Kirchen gebaut werden könnten.

Jaffa/Tel Aviv

Die Frau am Meer

Bibeltexte siehe S. 220

Bevor wir Tel Aviv erreichten, kehrten wir in Jaffa ein, einer sehr alten phönizischen Hafenstadt, aus der sich das moderne Tel Aviv entwickelt hat. Um Jaffa, das biblische Joppe, ranken sich bekannte Sagen und Legenden. Von Kassiopeia, Jopeia genannt, bekam die Stadt ihren Namen, und die Geschichte ihrer Tochter Andromeda ist für immer mit der Geschichte Joppes verbunden.

Die unglückliche Königstochter Andromeda sollte dem Meer geopfert werden. Sie wurde im Hafen an einen Felsen angekettet, und das Meeresungeheuer drohte sie zu verschlingen. Aber Perseus, der tapfere

Sohn des Zeus und der Danae, der bereits der gefährlichen Medusa das Haupt abgeschlagen hatte, besiegte den Meeresdrachen. Er befreite Andromeda und vermählte sich mit ihr.

Die Parabel von Jona, dem Propheten aus der Gegend um Nazareth, ist ebenfalls in Joppe beheimatet. Jona wurde von Gott nach Joppe geschickt, um nach Ninive zu reisen; aber er versuchte, vor seinem Gott in ein Land zu fliehen, in dem er sich sicher vor ihm fühlen konnte. Doch das Meer erlaubte es ihm nicht. Hätte Ketos, der große Fisch, ihn nicht verschlungen, wäre er ein Opfer der Wellen geworden. Jona kehrte wohlbehalten nach Joppe zurück und ging den Weg, den Gott für ihn ausgesucht hatte.

Auch im Neuen Testament ist eine Geschichte aus Joppe überliefert. Sie handelt von der fleißigen Näherin Tabita. »In Joppe lebte eine Jüngerin namens Tabita, das heißt übersetzt: Gazelle. Sie tat viele gute Werke und gab reichlich Almosen. In jenen Tagen aber wurde sie krank und starb. Man wusch sie und bahrte sie im Obergemach auf« (Apg 9,36).

Während wir über den Flohmarkt von Alt-Jaffa schlenderten, auf dem der Trödel des ganzen Vorderen Orients zu Markte getragen schien, dachte ich über die Geschichten von Andromeda, von Jona und von Tabita nach. Besonders beschäftigte mich die Auferweckung der Tabita.

Mir fiel ein, daß ich auf einem Denkmal vor unserem Hotel in Jerusalem die Inschrift »Talita kumi!« gelesen hatte. »Mädchen, steh auf!« sagte Jesus zu einem zwölfjährigen Mädchen, als er es zum Leben erweckte (Mk 5,41). Ein zwölfjähriges Mädchen beginnt gerade, eine Frau zu sein. Aber diese Tabita von Joppe hatte bereits so viele gute Werke getan, daß ich sie mir nur als erwachsene Frau vorstellen kann.

Tabita, oder die Gazelle, wie die griechische Bezeichnung ihres Namens ist, hatte ihr bisheriges Leben damit zugebracht, Gutes zu tun. Nie hatte sie an sich gedacht. Selbstlos und freigebig war sie gewesen, gewandt und geschickt. Wegen ihrer Näharbeiten war sie in Joppe und Umgebung bekannt und beliebt gewesen. Wer einen alten Rock ausgebessert haben wollte oder wer ein neues Kleid brauchte, ging zu Tabita und konnte gewiß sein, ein gut gearbeitetes Kleidungsstück zu bekommen. Und wer ein Almosen haben wollte, ging auch zu Tabita und konnte ebenfalls sicher sein, es zu bekommen.

Als sie unerwartet gestorben war, trauerten die Leute von Joppe sehr um diese gute, hilfsbereite Frau. Sie wollten es nicht glauben, daß sie von ihnen gegangen war. Sie flehten Petrus an, der sich zufällig im benachbarten Lydda aufhielt, zu ihnen zu kommen und sie ins Leben zurückzurufen.

Als er in Jaffa eingetroffen war, führten sie ihn sofort in das Obergemach, in dem Tabita aufgebahrt lag. Die Frauen Jaffas, die Witwen, die die Totenklage hielten, zeigten ihm die Röcke und Mäntel, die Tabita ihnen genäht hatte, und brachen immer wieder in Wehklagen über ihren Verlust aus.

Warum weinten diese Frauen so herzergreifend? Trauerten sie wirklich um die herzensgute Christin Tabita? Oder betrauerten sie nur ihren eigenen Verlust?

Als ich an Tabita dachte, fiel mir Shen Te, »der gute Mensch von Sezuan«, ein[60]. Auch sie war eine unglaublich gütige Frau. Ihre Hilfsbereitschaft wurde ebenfalls gern und selbstverständlich in Anspruch genommen. Schließlich konnte sie sich den Forderungen ihrer Freunde und Bekannten nicht mehr entziehen. Als sie plötzlich verschwunden war und angenommen werden mußte, sie sei gestorben, da klagten und weinten die armen, habgierigen Leute von Sezuan bitter über ihren Verlust.

Sie klagten genauso wie die Leute in Joppe, als Tabita sich hinlegte und nichts mehr für sie tat. Sie beklagten Tabitas Tod; aber in Wirklichkeit beklagten sie das Versiegen einer ergiebigen Quelle.

Petrus hörte die Klagen der Hilfsbedürftigen an und schickte alle fort. Er war allein mit ihr, als er sie ins Leben zurückrief. So hatte Jesus es auch gemacht. »Mädchen, wach auf!« hatte er in seiner aramäischen Muttersprache gesagt.

Ich wüßte gern, wie die Fortsetzung ihres Lebens gewesen ist. Schon als Kind wollte ich wissen, wie das Leben der Prinzessinnen und Prinzen, der Schweinehirten und Gänsemägde weiterging, nachdem sie alle Bedingungen für ein neues Leben erfüllt hatten. Aber die Märchen endeten immer mit dem Satz: »Und sie lebten glücklich bis an ihr Lebensende.«

Für Shen Te, den guten Menschen von Sezuan, begann ein neues Leben, als sie endlich ihre Maske ablegte. Nur in der Maske ihres geschäftstüchtigen, skrupellosen Vetters Shui Ta hatte sie sich der zudringlichen Bittsteller erwehren können. Nachdem sie den Göttern und den erstaunten Menschen von Sezuan eingestanden hatte: »Ja, ich bin es. Shui Ta und Shen Te, ich bin beides«, war nichts mehr, wie es gewesen war. Shen Te brauchte ihre männlichen Anteile nicht länger hinter einer Maske zu verstecken.

Für das Töchterlein des Jairus bedeutete das neue Leben eine Entwicklung zur reifen Frau. Nachdem Jesus sie auferweckt hatte, hat sie den Menschen vielleicht Gutes getan in frommer Dankbarkeit. In selbstloser Hingabe hat sie vielleicht für die Bedürfnisse anderer gesorgt. Möglicherweise hat sie ihren ererbten Besitz unter die Armen verteilt und ihnen Kleider und Röcke genäht, weil sie dafür besonders begabt war. Aber dann war auch dieses Leben beendet.

Für Tabita begann ein neues Leben, weil Petrus ihr

Sterben verhinderte. Tabita von Joppe, wofür hast du dich entschieden, als du die Möglichkeit hattest, noch einmal neu anzufangen?

Nachdem wir Jaffa verlassen hatten, verbrachten wir die letzten Stunden unseres letzten Tages in Israel am Strand von Tel Aviv. Erwartungsvoll, angefüllt mit vielen Eindrücken, satt und zufrieden schlenderte ich nichtsahnend am Meer entlang, als plötzlich ein Engel vor mir auftauchte.

Langsam ging ich auf ihn zu. Er war dunkel, grünschwarz, und hob sich groß und mächtig von dem hellen Nachthimmel ab. Er war eine Skulptur, ein Denkmal. Das Gesicht dem Meer zugewandt, die Flügel ausgebreitet, als fliege er gleich auf und davon.

Ich ging um ihn herum, um ihm ins Gesicht zu sehen. Aber es war von einem Schleier bedeckt. Als ich noch näher heranging, erkannte ich: Der Engel ist eine Frau.

Sie stand da, kräftig, mächtig, gewaltig, stemmte sich gegen den Wind, das Meer, stand da mit hocherhobenen Armen, den Kopf in den Nacken gelegt; ihr Schleier wehte hinter ihr her, ihr Kleid wehte im Wind. Einen Fuß hatte sie vorgestellt. So leistete sie den Elementen Widerstand. Die wehenden Enden ihres Schleiers waren mir wie Flügel erschienen. Ihr Anblick war atemberaubend.

Auf meiner Reise war ich vielen Frauen begegnet. Ihre Lebens- und Glaubensgeschichten hatten mich bestärkt, begeistert, nachdenklich gemacht und beunruhigt. Aber keine von ihnen glich dieser Frau am Meer.

Ich stellte mich neben sie und sah in die Nacht. Alles war friedlich und still. Wem galt ihre abwehrende Geste? Wovor schützte sie ihr Land? Das Wasser lag wie im Schlaf, der Strand war menschenleer.

Irgendwo dort am anderen Ufer würden wir morgen sein. Weit weg vom Gelobten Land. Aus der Ferne wehte mir ein Gedanke zu, ein Satz, den ich in den Osterberichten gelesen hatte: »Als es aber Morgen war, stand Jesus am Ufer« (Joh 21,4).

Weich und warm war die Nacht, Zärtlichkeit lag in der Luft. Aber die Frau neben mir blieb abwehrbereit und wach.

Für mich wurde es Zeit. Ehrerbietig verabschiedete ich mich von ihr, der Landesmutter, und ging. Wie eine, die freudig erwartet wird, so machte ich mich auf den Weg in mein eigenes Land.

Die biblischen Texte

Scharon-Ebene – Die Prophetinnen

Am folgenden Tag kamen wir nach Cäsarea. Wir gingen in das Haus des Evangelisten Philippus, der einer von den Sieben war, und blieben bei ihm. Er hatte vier Töchter, prophetisch begabte Jungfrauen. Apostelgeschichte 21, 8–9

Die Prophetin Mirjam, die Schwester Aarons, nahm die Pauke in die Hand, und alle Frauen zogen mit Paukenschlag und Tanz hinter ihr her. Mirjam sang ihnen vor: Singt dem Herrn ein Lied, denn er ist hoch und erhaben! Rosse und Wagen warf er ins Meer.

2. Mose 15, 20–21

Damals war Debora, eine Prophetin, die Frau des Lappidot, Richterin in Israel. Sie hatte ihren Sitz unter der Debora-Palme zwischen Rama und Bet-El im Gebirge Efraim, und alle Israeliten kamen zu ihr hinauf, um sich Recht sprechen zu lassen.

Richter 4,4–5

Da gingen der Priester Hilkija, Ahikam, Achbor, Schafan und Asaja zur Prophetin Hulda. Sie war die Frau Schallums, des Sohnes Tikwas, des Sohnes Harhas', des Verwalters der Kleiderkammer, und wohnte in Jerusalem in der Neustadt. 2. Könige 22,14

Mein Gott, vergiß dem Tobija und dem Sanballat nicht, was sie getan haben, auch nicht der Prophetin Noadja und den übrigen Propheten, die mir Angst machen wollten. Nehemia 6, 14

Damals lebte auch eine Prophetin namens Hanna, eine Tochter Penuels, aus dem Stamm Ascher. Sie war schon hochbetagt. Als junges Mädchen hatte sie geheiratet und sieben Jahr mit ihrem Mann gelebt: nun war sie eine Witwe von vierundachtzig Jahren. Sie hielt sich ständig im Tempel auf und diente Gott Tag und Nacht mit Fasten und Beten. Lukas 2, 36–37

Sechs Tage vor dem Paschafest kam Jesus nach Betanien, wo Lazarus war, den er von den Toten auferweckt hatte. Dort bereiteten sie ihm ein Mahl; Marta bediente, und Lazarus war unter denen, die mit Jesus bei Tisch waren. Da nahm Maria ein Pfund echtes, kostbares Nardenöl, salbte Jesus die Füße und trocknete sie mit ihrem Haar. Das Haus wurde vom Duft des Öls erfüllt.

Johannes 12, 1–3

Wenn ein Mann betet oder prophetisch redet und dabei sein Haupt bedeckt hat, entehrt er sein Haupt. Eine Frau aber entehrt ihr Haupt, wenn sie betet oder prophetisch redet und dabei ihr

Haupt nicht verhüllt. Sie unterscheidet sich dann in keiner Weise von einer Geschorenen. Wenn eine Frau kein Kopftuch trägt, soll sie sich doch gleich die Haare abschneiden lassen. Ist es aber für eine Frau eine Schande, sich die Haare abschneiden oder kahlscheren zu lassen, dann soll sie sich auch verhüllen. Der Mann darf sein Haupt nicht verhüllen, weil er Abbild und Abglanz Gottes ist; die Frau aber ist der Abglanz des Mannes. Denn der Mann stammt nicht von der Frau, sondern die Frau vom Mann. Der Mann wurde auch nicht für die Frau geschaffen, sondern die Frau für den Mann. Deswegen soll die Frau mit Rücksicht auf die Engel das Zeichen ihrer Vollmacht auf dem Kopf tragen. Doch im Herrn gibt es weder die Frau ohne den Mann noch den Mann ohne die Frau. Denn wie die Frau vom Mann stammt, so kommt der Mann durch die Frau zur Welt; alles aber stammt von Gott.

Urteilt selber! Gehört es sich, daß eine Frau unverhüllt zu Gott betet? Lehrt euch nicht schon die Natur, daß es für den Mann eine Schande, für die Frau aber eine Ehre ist, lange Haare zu tragen? Denn der Frau ist das Haar als Hülle gegeben.

Wenn aber einer meint, er müsse darüber streiten: Wir und auch die Gemeinde Gottes kennen einen solchen Brauch nicht.

1. Korinther 11,4–16

Caesarea am Meer – Die Herodianerinnen

Herodes hatte nämlich Johannes festnehmen und in Ketten ins Gefängnis werfen lassen. Schuld daran war Herodias, die Frau seines Bruders Philippus. Denn Johannes hatte zu Herodes gesagt: Du hattest nicht das Recht, sie zur Frau zu nehmen. Der König wollte ihn dafür töten lassen, fürchtete sich aber vor dem Volk; denn man hielt Johannes für einen Propheten. Als aber der Geburtstag des Herodes gefeiert wurde, tanzte die Tochter der Herodias vor den Gästen. Und sie gefiel Herodes so sehr, daß er schwor, ihr alles zu geben, was sie sich wünschte. Da sagte sie auf Drängen ihrer Mutter: Laß mir auf einer Schale den Kopf des Täufers Johannes herbringen. Der König wurde traurig; aber weil er einen Schwur geleistet hatte – noch dazu vor allen Gästen –, befahl er, ihr den Kopf zu bringen. Und er ließ Johannes im Gefängnis enthaupten. Man brachte den Kopf auf einer Schale und gab ihn dem Mädchen, und sie brachte ihn ihrer Mutter. Matthäus 14, 3–11

Um jene Zeit ließ der König Herodes einige aus der Gemeinde verhaften und mißhandeln. Jakobus, den Bruder des Johannes, ließ er mit dem Schwert hinrichten. Als er sah, daß es den Juden gefiel, ließ er auch Petrus festnehmen. Das geschah in den Tagen der ungesäuerten Brote. Apostelgeschichte 12, 1–3

Dann zog Herodes von Judäa nach Cäsarea hinab und blieb dort. Er war über die Bewohner von Tyrus und Sidon sehr aufgebracht... Am festgesetzten Tag nahm Herodes im Königsgewand auf der Tribüne Platz und hielt vor ihnen eine feierliche Ansprache. Das Volk aber schrie: Die Stimme eines Gottes, nicht eines Menschen! Im selben Augenblick schlug ihn der Engel des Herrn, weil er nicht Gott die Ehre gegeben hatte. Und von Würmern zerfressen, starb er.

Apostelgeschichte 12, 19b–23

Einige Tage darauf erschien Felix mit seiner Gemahlin Drusilla, einer Jüdin, ließ Paulus rufen und hörte an, was er über den Glauben an Christus Jesus berichtete. Apostelgeschichte 24, 24

Nach zwei Jahren aber wurde Porzius Festus Nachfolger des Felix; und weil Felix den Juden einen Gefallen erweisen wollte, ließ er Paulus in der Haft zurück. Apostelgeschichte 24,27

Einige Tage später trafen König Agrippa und Berenike in Cäsarea ein, um Festus ihre Aufwartung zu machen. Sie blieben mehrere Tage dort. Da trug Festus dem König den Fall des Paulus vor und sagte: Von Felix ist ein Mann als Gefangener zurückgelassen worden, gegen den die Hohenpriester und die Ältesten der Juden, als ich in Jerusalem war, vorstellig wurden. Da sagte Agrippa zu Festus: Ich würde den Mann gern selbst hören. Morgen, antwortete er, sollst du ihn hören.

So kamen am folgenden Tag Agrippa und Berenike mit großem Gepränge und betraten die Empfangshalle, zusammen mit den Obersten und den vornehmsten Männern der Stadt. Auf Befehl des Festus wurde Paulus vorgeführt.

Apostelgeschichte 25, 13–15.22–23

Da erhoben sich der König und die Statthalter, auch Berenike und alle, die bei ihnen saßen. Sie zogen sich zurück, besprachen sich miteinander und sagten: Dieser Mann tut nichts, worauf Tod oder Haft steht. Und Agrippa sagte zu Festus: Der Mann könnte freigelassen werden, wenn er nicht an den Kaiser appelliert hätte.

Apostelgeschichte 26,30–32

Paulus blieb zwei volle Jahre in seiner Mietwohnung (in Rom) und empfing alle, die zu ihm kamen. Er verkündete das Reich Gottes und trug ungehindert und mit allem Freimut die Lehre über Jesus Christus, den Herrn, vor. Apostelgeschichte 28,30–31

Oberes Galiläa – Eine Frau wird geboren

Von dort zog sich Jesus in das Gebiet von Tyrus und Sidon zurück. Da kam eine kanaanäische Frau aus jener Gegend zu ihm und rief: Hab Erbarmen mit mir, Herr, du Sohn Davids! Meine Tochter wird von einem Dämon gequält. Jesus aber gab ihr keine Antwort.

Da traten seine Jünger zu ihm und baten: Befrei sie (von ihrer Sorge), denn sie schreit hinter uns her. Er antwortete: Ich bin nur zu den verlorenen Schafen des Hauses Israel gesandt.

Doch die Frau kam, fiel vor ihm nieder und sagte: Herr, hilf mir! Er erwiderte: Es ist nicht recht, das Brot den Kindern wegzunehmen und den Hunden vorzuwerfen.

Da entgegnete sie: Ja, du hast recht, Herr! Aber selbst die Hunde bekommen von den Brotresten, die vom Tisch ihrer Herren fallen.

Darauf antwortete ihr Jesus: Frau, dein Glaube ist groß. Was du willst, soll geschehen. Und von dieser Stunde an war ihre Tochter geheilt.

Matthäus 15,21–28

Caesarea Philippi – Salome

Jesus ging mit seinen Jüngern in die Dörfer bei Cäsarea Philippi. Unterwegs fragte er die Jünger: Für wen halten mich die Menschen? Sie sagten zu ihm: Einige für Johannes den Täufer, andere für Elija, wieder andere für sonst einen von den Propheten. Da fragte er sie: Ihr aber, für wen haltet ihr mich? Simon Petrus antwortete ihm: Du bist der Messias! Doch er verbot ihnen, mit jemand über ihn zu sprechen.

Dann begann er, sie darüber zu belehren, der Menschensohn müsse vieles leiden und von den Ältesten, den Hohenpriestern und den Schriftgelehrten verworfen werden; er werde getötet, aber nach drei Tagen werde er auferstehen. Und er redete ganz offen darüber. Da nahm ihn Petrus beiseite und machte ihm Vorwürfe. Jesus wandte sich um, sah seine Jünger an und wies Petrus mit den Worten zurecht: Weg mit dir, Satan, geh mir aus den Augen! Denn du hast nicht das im Sinn, was Gott will, sondern was die Menschen wollen.

Er rief die Volksmenge und seine Jünger zu sich und sagte: Wer mein Jünger sein will, der verleugne sich selbst, nehme sein Kreuz, auf sich und folge mir nach. Denn wer sein Leben retten will, wird es verlieren; wer aber sein Leben um meinetwillen und um des Evangeliums willen verliert, wird es retten. Was nützt es einem Menschen, wenn er die ganze Welt gewinnt, dabei aber sein Leben einbüßt? Um welchen Preis könnte ein Mensch sein Leben zurückkaufen? Denn wer sich vor dieser treulosen und sündigen Generation meiner und meiner Worte schämt, dessen wird sich auch der Menschensohn schämen, wenn er mit den heiligen Engeln in der Hoheit seines Vaters kommt.

Und er sagte zu ihnen: Amen, ich sage euch: Von denen, die hier stehen, werden einige den Tod nicht erleiden, bis sie gesehen haben, daß das Reich Gottes in (seiner ganzen) Macht gekommen ist.

Markus 8, 27–9,1

Auch einige Frauen sahen von weitem zu, darunter Maria aus Magdala, Maria, die Mutter von Jakobus dem Kleinen und Joses, sowie Salome; sie waren Jesus schon in Galiläa nachgefolgt und hatten ihm gedient. Noch viele andere Frauen waren dabei, die mit ihm nach Jerusalem hinaufgezogen waren. Markus 15, 40–41

Als der Sabbat vorüber war, kauften Maria aus Magdala, Maria, die Mutter des Jakobus, und Salome wohlriechende Öle, um damit zum Grab zu gehen und Jesus zu salben. Am ersten Tag der Woche kamen sie in aller Frühe zum Grab, als eben die Sonne aufging. Sie sagten zueinander: Wer könnte uns den Stein vom Eingang des Grabes wegwälzen? Doch als sie hinblickten, sahen sie, daß der Stein schon weggewälzt war; er war sehr groß. Sie gingen in das Grab hinein und sahen auf der rechten Seite einen jungen Mann sitzen, der mit einem weißen Gewand bekleidet war; da erschraken sie sehr. Er aber sagte zu ihnen: Erschreckt nicht! Ihr sucht Jesus von Nazaret, den Gekreuzigten. Er ist auferstanden; er ist nicht hier. Seht, da ist die Stelle, wo man ihn hingelegt hatte. Nun aber geht und sagt seinen Jüngern, vor allem Petrus: Er geht euch voraus nach Galiläa; dort werdet ihr ihn sehen, wie er es euch gesagt hat. Da verließen sie das Grab und flohen; denn Schrecken und Entsetzen hatte sie gepackt. Und sie sagten niemand etwas davon; denn sie fürchteten sich. Johannes 16, 1–8

Nordgaliläa – Die gekrümmte Frau

Am Sabbat lehrte Jesus in einer Synagoge. Dort saß eine Frau, die seit achtzehn Jahren krank war, weil sie von einem Dämon geplagt wurde; ihr Rücken war verkrümmt, und sie konnte nicht mehr aufrecht gehen. Als Jesus sie sah, rief er sie zu sich und sagte: Frau, du bist von deinem Leiden erlöst. Und er legte ihr die Hände auf. Im gleichen Augenblick richtete sie sich auf und pries Gott.

Der Synagogenvorsteher aber war empört darüber, daß Jesus am Sabbat heilte, und sagte zu den Leuten: Sechs Tage sind zum Arbeiten da. Kommt also an diesen Tagen und laßt euch heilen, nicht am Sabbat!

Der Herr erwiderte ihm: Ihr Heuchler! Bindet nicht jeder von euch am Sabbat seinen Ochsen oder Esel von der Krippe los und führt ihn zur Tränke? Diese Tochter Abrahams aber, die der Satan schon seit achtzehn Jahren gefesselt hielt, sollte am Sabbat nicht davon befreit werden dürfen?

Durch diese Worte wurden alle seine Gegner beschämt; das ganze Volk aber freute sich über all die großen Taten, die er vollbrachte.

Lukas 13, 10–17

Kapernaum – Die Fischfrau

Da kamen die Jünger des Johannes zu ihm und sagten: Warum fasten deine Jünger nicht, während wir und die Pharisäer fasten? Jesus antwortete ihnen: Können denn die Hochzeitsgäste trauern, solange der Bräutigam bei ihnen ist? Es werden aber Tage kommen, da wird ihnen der Bräutigam genommen sein; dann werden sie fasten. Markus 2, 18–20

Am Abend, als die Sonne untergegangen war, brachte man alle Kranken und Besessenen zu Jesus. Die ganze Stadt war vor der Haustür versammelt, und er heilte viele, die an allen möglichen Krankheiten litten, und trieb viele Dämonen aus...

In aller Frühe, als es noch dunkel war, stand er auf und ging an einen einsamen Ort, um zu beten. Simon und seine Begleiter eilten ihm nach, und als sie ihn fanden, sagten sie zu ihm: Alle suchen dich. Er antwortete: Laßt uns anderswohin gehen, in die benachbarten Dörfer, damit ich auch dort predige; denn dazu bin ich gekommen. Und er zog durch ganz Galiläa, predigte in den Synagogen und trieb die Dämonen aus. Markus 1, 32–39

Als er einige Tage später nach Kafarnaum zurückkam, wurde bekannt, daß er (wieder) zu Hause war. Und es versammelten sich so viele Menschen, daß nicht einmal mehr vor der Tür Platz war; und er verkündete ihnen das Wort. Markus 2, 1–2

Jesus zog sich mit seinen Jüngern an den See zurück. Viele Menschen aus Galiläa aber folgten ihm. Auch aus Judäa, aus Jerusalem und Idumäa, aus dem Gebiet jenseits des Jordan und aus der Gegend von Tyrus und Sidon kamen Scharen von Menschen zu ihm, als sie von all dem hörten, was er tat. Markus 3, 7–9

Jesus ging in ein Haus, und wieder kamen so viele Menschen zusammen, daß er und die Jünger nicht einmal mehr essen konnten. Als seine Angehörigen davon hörten, machten sie sich auf den Weg, um ihn mit Gewalt zurückzuholen; denn sie sagten: Er ist von Sinnen. Markus 3, 20–21

Da kamen seine Mutter und seine Brüder, sie blieben vor dem Haus stehen und ließen ihn herausrufen. Es saßen viele Leute um ihn herum, und man sagte zu ihm: Deine Mutter und deine Brüder stehen draußen und fragen nach dir. Er erwiderte: Wer ist meine Mutter, und wer sind meine Brüder? Und er blickte auf die Menschen, die im Kreis um ihn herumsaßen, und sagte: Das hier sind meine Mutter und meine Brüder. Wer den Willen Gottes erfüllt, der ist für mich Bruder und Schwester und Mutter. Markus 3, 31–35

Als Jesus und die Jünger nach Kafarnaum kamen, gingen die Männer, die die Tempelsteuer einzogen, zu Petrus und fragten: Zahlt euer Meister die Doppeldrachme nicht? Er antwortete: Doch!

Als er dann ins Haus hineinging, kam ihm Jesus mit der Frage zuvor: Was meinst du, Simon, von wem erheben die Könige dieser Welt Zölle und Steuern? Von ihren eigenen Söhnen oder von den anderen Leuten? Als Petrus antwortete: Von den anderen!, sagte Jesus zu ihm: Also sind die Söhne frei. Damit wir aber bei niemand Anstoß erregen, geh an den See und wirf die Angel aus; den ersten Fisch, den du heraufholst, nimm, öffne ihm das Maul, und du wirst ein Vierdrachmenstück finden. Das gib den Männern als Steuer für mich und für dich. Matthäus 17, 24–27

Jesus ging in das Haus des Petrus und sah, daß dessen Schwiegermutter im Bett lag und Fieber hatte. Da berührte er ihre Hand, und das Fieber wich von ihr. Und sie stand auf und sorgte für ihn.

Matthäus 8, 14–15

Magdala – Maria Magdalena

In der folgenden Zeit wanderte er von Stadt zu Stadt und von Dorf zu Dorf und verkündete das Evangelium vom Reich Gottes. Die Zwölf begleiteten ihn, außerdem einige Frauen, die er von bösen Geistern und von Krankheiten geheilt hatte: Maria Magdalena, aus der sieben Dämonen ausgefahren waren, Johanna, die Frau des Chuzas, eines Beamten des Herodes, Susanna und viele andere. Sie alle unterstützten Jesus und die Jünger mit dem, was sie besaßen.

Lukas 8, 1–3

Maria aber stand draußen vor dem Grab und weinte. Während sie weinte, beugte sie sich in die Grabkammer hinein. Da sah sie zwei Engel in weißen Gewändern sitzen, den einen dort, wo der Kopf, den anderen dort, wo die Füße des Leichnams Jesu gelegen hatten. Die Engel sagten zu ihr: Frau, warum weinst du? Sie antwortete ihnen: Man hat meinen Herrn weggenommen, und ich weiß nicht, wohin man ihn gelegt hat. Als sie das gesagt hatte, wandte sie sich um und sah Jesus dastehen, wußte aber nicht, daß es Jesus war. Jesus sagte zu ihr: Frau, warum weinst du? Wen suchst du? Sie meinte, es sei der Gärtner, und sagte zu ihm: Herr, wenn du ihn weggebracht hast, sag mir, wohin du ihn gelegt hast. Dann will ich ihn holen. Jesus sagte zu ihr: Maria! Da wandte sie sich ihm zu und sagte auf hebräisch zu ihm: Rabbuni!, das heißt: Meister. Jesus sagte zu ihr: Halte mich nicht fest; denn ich bin noch nicht zum Vater hinaufgegangen. Geh aber zu meinen Brüdern und sag ihnen: Ich gehe hinauf zu meinem Vater und zu eurem Vater, zu meinem Gott und zu eurem Gott. Maria von Magdala ging zu den Jüngern und verkündete ihnen: Ich habe den Herrn gesehen. Und richtete aus, was er ihr gesagt hatte. Johannes 20, 11–18

Ein Mann namens Hananias aber und seine Frau Saphira verkauften zusammen ein Grundstück, und mit Einverständnis seiner Frau behielt er etwas von dem Erlös für sich. Er brachte nur einen Teil und legte ihn den Aposteln zu Füßen. Da sagte Petrus: Hananias, warum hat der Satan dein Herz erfüllt, daß du den Heiligen Geist belügst und von dem Erlös des Grundstücks etwas für dich behältst? Hätte es nicht dein Eigentum bleiben können, und konntest du nicht auch nach dem Verkauf frei über den Erlös verfügen? Warum hast du in deinem Herzen beschlossen, so etwas zu tun? Du hast nicht Menschen belogen, sondern Gott. Als Hananias diese Worte hörte, stürzte er zu Boden und starb. Und über alle, die es hörten, kam große Furcht. Die jungen Männer standen auf, hüllten ihn ein, trugen ihn hinaus und begruben ihn.

Nach etwa drei Stunden kam seine Frau herein, ohne zu wissen, was geschehen war. Petrus fragte sie: Sag mir, habt ihr das Grundstück für soviel verkauft? Sie antwortete: Ja, für soviel. Da sagte Petrus zu ihr: Warum seid ihr übereingekommen, den Geist des Herrn auf die Probe zu stellen? Siehe, die Füße derer, die deinen Mann begraben haben, stehen vor der Tür; auch dich wird man hinaustragen. Im selben Augenblick brach sie vor seinen Füßen zusammen und starb. Die jungen Männer kamen herein, fanden sie tot, trugen sie hinaus und begruben sie neben ihrem Mann. Da kam große Furcht über die ganze Gemeinde und über alle, die davon hörten.

Apostelgeschichte 5, 1–11

Nazareth – Maria und Josef

Im sechsten Monat wurde der Engel Gabriel von Gott in eine Stadt in Galiläa namens Nazaret zu einer Jungfrau gesandt. Sie war mit einem Mann namens Josef verlobt, der aus dem Haus David stammte. Der Name der Jungfrau war Maria. Der Engel trat bei ihr ein und sagte: Sei gegrüßt, du Begnadete, der Herr ist mit dir. Sie erschrak über die Anrede und überlegte, was dieser Gruß zu bedeuten habe. Da sagte der Engel zu ihr: Fürchte dich nicht, Maria; denn du hast bei Gott Gnade gefunden. Du wirst ein Kind empfangen, einen Sohn wirst du gebären: dem sollst du den Namen Jesus geben. Er wird groß sein und Sohn des Höchsten genannt werden. Gott, der Herr, wird ihm den Thron seines Vaters David geben. Er wird über das Haus Jakob in Ewigkeit herrschen, und seine Herrschaft wird kein Ende haben. Maria sagte zu dem Engel: Wie soll das geschehen, da ich keinen Mann erkenne? Der Engel antwortete ihr: Der Heilige Geist wird über dich kommen, und die Kraft des Höchsten wird dich überschatten. Deshalb wird auch das Kind heilig und Sohn Gottes genannt werden. Da sagte Maria: Ich bin die

Magd des Herrn; mir geschehe, wie du es gesagt hast. Danach verließ sie der Engel.

Maria aber machte sich in diesen Tagen auf und wanderte eilends nach dem Bergland in eine Stadt Judas und trat in das Haus des Zacharias und begrüßte Elisabet. Und Maria blieb etwa drei Monate bei ihr; dann kehrte sie nach Hause zurück. Lukas 1,26–56 (in Auszügen)

Am dritten Tag fand in Kana in Galiläa eine Hochzeit statt, und die Mutter Jesu war dabei. Auch Jesus und seine Jünger waren zur Hochzeit eingeladen. Als der Wein ausging, sagte die Mutter Jesu zu ihm: Sie haben keinen Wein mehr. Jesus erwiderte ihr: Was willst du von mir, Frau? Meine Stunde ist noch nicht gekommen. Seine Mutter sagte zu den Dienern: Was er euch sagt, das tut! Es standen dort sechs steinerne Wasserkrüge, wie es der Reinigungsvorschrift der Juden entsprach; jeder faßte ungefähr hundert Liter. Jesus sagte zu den Dienern: Füllt die Krüge mit Wasser! Und sie füllten sie bis zum Rand. Er sagte zu ihnen: Schöpft jetzt und bringt es dem, der für das Festmahl verantwortlich ist. Sie brachten es ihm. Er kostete das Wasser, das zu Wein geworden war. Johannes 2,1–9a

Damals lebte auch eine Prophetin namens Hanna, eine Tochter Penuels, aus dem Stamm Ascher. Sie war schon hochbetagt. Als junges Mädchen hatte sie geheiratet und sieben Jahre mit ihrem Mann gelebt; nun war sie eine Witwe von vierundachtzig Jahren. Sie hielt sich ständig im Tempel auf und diente Gott Tag und Nacht mit Fasten und Beten. In diesem Augenblick nun trat sie hinzu, pries Gott und sprach über das Kind zu allen, die auf die Erlösung Jerusalems warteten. Lukas 2, 36–38

In Jerusalem lebte damals ein Mann namens Simeon. Er war gerecht und fromm und wartete auf die Rettung Israels, und der Heilige Geist ruhte auf ihm. Vom Heiligen Geist war ihm offenbart worden, er werde den Tod nicht schauen, ehe er den Messias des Herrn gesehen habe. Jetzt wurde er vom Geist in den Tempel geführt; und als die Eltern Jesus hereinbrachten, um zu erfüllen, was nach dem Gesetz üblich war, nahm Simeon das Kind in seine Arme und pries Gott mit den Worten:

Nun läßt du, Herr, deinen Knecht, / wie du gesagt hast, in Frieden scheiden.

Denn meine Augen haben das Heil gesehen, / das du vor allen Völkern bereitet hast,

ein Licht, das die Heiden erleuchtet, / und Herrlichkeit für dein Volk Israel.

Sein Vater und seine Mutter staunten über die Worte, die über Jesus gesagt wurden. Und Simeon segnete sie und sagte zu Maria, der Mutter Jesu: Dieser ist dazu bestimmt, daß in Israel viele durch ihn zu Fall kommen und viele aufgerichtet werden, und er wird ein Zeichen sein, dem widersprochen wird. Dadurch sollen die Gedanken vieler Menschen offenbar werden. Dir selbst aber wird ein Schwert durch die Seele dringen. Lukas 2, 25–35

Jesus ging in ein Haus, und wieder kamen so viele Menschen zusammen, daß er und die Jünger nicht einmal mehr essen konnten. Als seine Angehörigen davon hörten, machten sie sich auf den Weg, um ihn mit Gewalt zurückzuholen; denn sie sagten: Er ist von Sinnen. Markus 3, 20–21

Mit der Geburt Jesu Christi war es so: Maria, seine Mutter, war mit Josef verlobt; noch bevor sie zusammengekommen waren, zeigte sich, daß sie ein Kind erwartete – durch das Wirken des Heiligen Geistes. Josef, ihr Mann, der gerecht war und sie nicht bloßstellen wollte, beschloß, sich in aller Stille von ihr zu trennen. Während er noch darüber nachdachte, erschien ihm ein Engel des Herrn im Traum und sagte: Josef, Sohn Davids, fürchte dich nicht, Maria als deine Frau zu dir zu nehmen; denn das Kind, das sie erwartet, ist vom Heiligen Geist. Sie wird einen Sohn gebären; ihm sollst du den Namen Jesus geben; denn er wird sein Volk von seinen Sünden erlösen...

Als Josef erwachte, tat er, was der Engel des Herrn ihm befohlen hatte, und nahm seine Frau zu sich. Er erkannte sie aber nicht, bis sie ihren Sohn gebar. Und gab ihm den Namen Jesus.

Matthäus 1, 18-25

Die Ebene Jesreel – Das blutflüssige Tal

Dina, die Tochter, die Lea Jakob geboren hatte, ging aus, um sich die Töchter des Landes anzusehen. Sichem, der Sohn des Hiwiters Hamor, des Landesfürsten, erblickte sie; er ergriff sie, legte sich zu ihr und vergewaltigte sie. Er faßte Zuneigung zu Dina, der Tochter Jakobs, er liebte das Mädchen und redete ihm gut zu. Zu seinem Vater Hamor sagte Sichem: Nimm mir dieses Mädchen zur Frau!

Als Jakobs Söhne vom Feld kamen und davon erfuhren, empfanden sie das als Beleidigung und wurden sehr zornig; eine Schandtat hatte Sichem an Israel begangen, weil er der Tochter Jakobs beiwohnte; so etwas darf man nicht tun.

Hamor redete mit ihnen und sagte: Mein Sohn Sichem hat zu eurer Tochter Zuneigung gefaßt. Gebt sie ihm doch zur Frau! Verschwägern wir uns; gebt uns eure Töchter und nehmt die unseren! Ihr könnt euch bei uns ansiedeln, und das Land steht euch offen. Bleibt da, geht hier euren Geschäften nach, und macht euch im Land ansässig! Sichem sagte zu Dinas Vater und zu ihren Brüdern: Finde ich euer Wohlwollen, dann will ich geben, was ihr auch von mir verlangt. Legt mir ruhig ein sehr hohes Heiratsgeld und eine hohe Brautgabe auf! Ich will geben, was ihr von mir verlangt. Nur gebt mir das Mädchen zur Frau!

Die Söhne Jakobs gaben Sichem und seinem Vater Hamor, als sie die Verhandlungen aufnahmen, eine hinterhältige Antwort, weil er ihre Schwester entehrt hatte. Sie sagten zu ihnen: Wir können uns nicht darauf einlassen, unsere Schwester einem Unbeschnittenen zu geben; denn das gilt bei uns als Schande. Nur unter der Bedingung gehen wir auf euren Vorschlag ein, daß ihr euch uns anpaßt und alle männlichen Personen beschneiden laßt. Hamor und sein Sohn Sichem waren mit ihrem Vorschlag einverstanden.

Hamor und sein Sohn Sichem gingen an das Tor ihrer Stadt und sprachen zu ihren Mitbürgern. Alle, die durch das Tor der Stadt ausziehen, hörten auf Hamor und seinen Sohn Sichem; und alle Männer, alle, die durch das Tor seiner Stadt ausziehen, ließen sich beschneiden.

Am dritten Tag aber, als sie an Wundfieber litten, griffen zwei Söhne Jakobs, Simeon und Levi, die Brüder Dinas, zum Schwert, überfielen ungefährdet die Stadt und brachten alles Männliche um. Hamor und seinen Sohn Sichem machten sie mit dem Schwert nieder, holten Dina aus dem Hause Sichems und gingen davon. Dann machten sich die Söhne Jakobs über die Erschlagenen her und plünderten die Stadt, weil man ihre Schwester entehrt hatte. Ihre Schafe und Rinder, ihre Esel und was es sonst in der Stadt oder auf dem Feld gab, nahmen sie mit. Ihre ganze Habe, all ihre Kinder und Frauen führten sie fort und raubten alles, was sich in den Häusern fand.

Jakob sagte darauf zu Simeon und Levi: Ihr stürzt mich ins Unglück. Ihr habt mich in Verruf gebracht bei den Bewohnern des Landes, den Kanaanitern und Perisitern. Die Söhne aber sagten: Durfte er unsere Schwester wie eine Dirne behandeln? Genesis 34 (in Auszügen)

Könige kamen und kämpften, / damals kämpften Kanaans Könige / in Taanach, an den Wassern Megiddos, / doch Beute an Silber machten sie nicht.

Der Bach Kischon schwemmte sie fort, / der altberühmte Bach, der Bach Kischon. Richter 5,19.21

Daher sagte Saul zu seinen Dienern: Sucht mir eine Frau, die Gewalt über einen Totengeist hat; ich will zu ihr gehen und sie befragen. Seine Diener antworteten ihm: In En-Dor gibt es eine Frau, die über einen Totengeist Gewalt hat. Da machte sich Saul unkenntlich, zog andere Kleider an und ging mit zwei Männern zu der Frau. Sie kamen in der Nacht bei der Frau an, und er sagte zu ihr: Wahrsage mir durch den Totengeist! Laß für mich den heraufsteigen, den ich dir nenne. Die Frau antwortete ihm: Du weißt doch selbst, was Saul getan hat: Er hat die Totenbeschwörer und die Wahrsager im Land ausgerottet. Warum stellst du mir eine Falle, um mich zu töten? Saul aber schwor ihr beim Herrn und sagte: So wahr der Herr lebt: Es soll dich in dieser Sache keine Schuld treffen. Die Frau sagte: Wen soll ich für dich heraufsteigen lassen? Er antwortete: Laß Samuel für mich heraufsteigen! Die Frau ging zu Saul hin und sah, daß er ganz verstört war; sie sagte zu ihm: Deine Magd hat auf deine Stimme gehört; ich habe mein Leben aufs Spiel gesetzt, als ich auf das hörte, was du zu mir gesagt hast. Jetzt aber höre auch du auf die Stimme deiner Magd! Ich will dir ein Stück Brot zum Essen geben. Dann wirst du wieder zu Kräften kommen und kannst deines Weges gehen. Er aber weigerte sich und sagte: Ich esse nichts. Doch seine Diener und die Frau drängten ihn, bis er auf ihre Stimme hörte. Er erhob sich vom Boden und setzte sich aufs Bett. Die Frau hatte ein Mastkalb im Haus. Sie schlachtete es in aller Eile, nahm Mehl, knetete Teig und backte ungesäuerte Brote. Das alles setzte sie Saul und seinen Knechten vor; sie aßen, standen auf und gingen noch in der gleichen Nacht zurück. 1. Samuel 28,7–11.21–25

Damals lebte in Maon ein Mann, der sein Gut in Karmel hatte. Der Mann war sehr reich; er besaß dreitausend Schafe und tausend Ziegen. Er war eben dabei, in Karmel seine Schafe zu scheren. Der Mann hieß Nabal und seine Frau Abigajil. Die Frau war klug und von schöner Gestalt, aber der Mann war roh und bösartig; er war ein Kalebiter. David hörte in der Steppe, daß Nabal dabei war, seine Schafe zu scheren. Er schickte zehn junge Männer hin und sagte zu ihnen: Geht hinauf nach Karmel, und wenn ihr zu Nabal kommt, entbietet ihm in meinem Namen den Friedensgruß und sagt so zu meinem Bruder: Friede sei mit dir, Friede mit deinem Haus, Friede mit allem, was dir gehört. Ich habe soeben gehört, daß du bei der Schafschur bist. Nun sind deine Hirten mit ihren Schafen bei uns gewesen; wir haben ihnen nichts zuleide getan, und sie haben nichts vermißt, solange sie in Karmel waren. Darum gib deinen Knechten und deinem Sohn David, was du gerade zur Hand hast. Davids junge Leute kamen zu Nabal und redeten im Auftrag Davids, wie er es gesagt hatte, mit ihm; danach warteten sie ruhig ab. Nabal aber gab den Knechten Davids zur Antwort: Wer ist denn David, wer ist der Sohn Isais? Heute gibt es viele Knechte, die ihren Herren davongelaufen sind. Soll ich etwa mein Brot und mein Wasser, und was ich für meine Schafscherer geschlachtet habe, nehmen und es Männern geben, von denen ich nicht einmal weiß, woher sie sind? Die Leute Davids kehrten um und kamen (zu David zurück). Als sie angekommen waren, berichteten sie ihm alles, was Nabal gesagt hatte. Da sagte David zu seinen Männern: Jeder hänge sein Schwert um. Alle hängten ihr Schwert um; auch David hängte sein Schwert um. Und sie zogen mit David hinauf, etwa vierhundert Mann, während zweihundert beim Gepäck blieben.

Inzwischen hatte einer der jungen Männer Abigajil, der Frau Nabals, berichtet: David hat aus der Steppe Boten geschickt, um unserem Herrn seine Segenswünsche entbieten zu lassen, aber er hat sie schroff abgewiesen. Nun aber überleg dir genau, was du tun kannst; denn unserem Herrn und seinem ganzen Haus droht Unheil. Er ist ein so übler Mensch, daß man nicht mit ihm reden kann. Da nahm Abigajil in aller Eile zweihundert Brote und zwei Schläuche Wein, fünf schon zurechtgemachte Schafe, fünf Sea geröstetes Korn, hundert Rosinenkuchen und zweihundert Feigenkuchen, lud alles auf Esel und sagte zu ihren Knechten: Geht mir schon voraus, ich komme euch gleich nach. Ihrem Mann Nabal aber teilte sie nichts davon mit.

Als sie auf ihrem Esel im Schutz eines Berges hinabritt, kamen ihr plötzlich David und seine Männer entgegen, so daß sie mit ihnen zusammentraf. Als Abigajil David sah, stieg sie schnell von ihrem Esel, warf sich vor David nieder und verneigte sich bis zur Erde. Sie fiel ihm zu Füßen und sagte: Mich allein, Herr, trifft die Schuld. Möge deine Magd mit dir reden dürfen; höre, was deine Magd zu sagen hat. Mein Herr achte nicht auf diesen üblen Mann Nabal; denn wie sein Name sagt, so ist er: Nabal (Tor) heißt er, und voll Torheit ist er. Ich, deine Magd, habe die jungen Leute, die du, mein Herr, geschickt hast, nicht gesehen. Doch nun, so wahr der Herr lebt und so wahr du selbst lebst, hat dich der Herr davor bewahrt, Blutschuld auf dich zu laden und dir selbst zu helfen. Möge es deinen Feinden und allen, die gegen meinen Herrn Böses planen, ebenso ergehen wie Nabal. Dieses Geschenk aber, das deine Magd meinem Herrn mitgebracht hat, möge jetzt den jungen Leuten gegeben werden, die meinem Herrn folgen. Verzeih deiner Magd ihr Vergehen!

Da sagte David zu Abigajil: Gepriesen sei der Herr, der Gott Israels, der dich mir heute entgegengeschickt hat. Gepriesen sei deine Klugheit, und gepriesen seist du, weil du mich heute daran gehindert hast, Blutschuld auf mich zu laden und mir selbst zu helfen. Und David nahm von ihr entgegen, was sie ihm gebracht hatte, und sagte zu ihr: Geh in Frieden hinauf in dein Haus!

Als Abigajil zu Nabal kam, veranstaltete er in seinem Haus gerade ein Trinkgelage wie ein König. Nabal war in fröhlicher Stimmung, aber völlig betrunken. Darum erzählte sie ihm mit keinem Wort, was geschehen war, bis zum anderen Morgen. Als dann am Morgen der Rausch Nabals vorüber war, berichtete ihm seine Frau, was sich zugetragen hatte. Da versagte das Herz in seiner Brust, und er war wie versteinert. Nach etwa zehn Tagen schlug der Herr den Nabal, so daß er starb. Als David hörte, daß Nabal tot sei, sagte er: Gepriesen sei der Herr, der meinen Rechtsstreit gegen Nabal wegen der Schmach, die mir angetan wurde, geführt hat und der seinen Knecht von einer bösen Tat zurückgehalten hat; die Bosheit Nabals aber hat der Herr auf ihn selbst zurückfallen lassen. Darauf schickte David (Boten) zu Abigajil (mit dem Angebot), er wolle sie zur Frau nehmen. Die Diener Davids kamen zu Abigajil nach Karmel, redeten mit ihr und sagten: David schickt uns zu dir, weil er dich zur Frau nehmen will. Sie stand auf, verneigte sich bis zur Erde und sagte: Deine Magd steht als Dienerin bereit, um den Dienern meines Herrn die Füße zu waschen. Dann machte sich Abigajil in aller Eile auf, setzte sich auf ihren Esel, und ihre fünf Mägde folgten ihr. Sie zog den Boten Davids nach und wurde seine Frau. 1. Samuel 25 (in Auszügen)

König David war alt und hochbetagt; auch wenn man ihn in Dekken hüllte, wurde ihm nicht mehr warm. Da sagten seine Diener zu ihm: Man suche für unseren Herrn, den König, ein unberührtes Mädchen, das ihn bedient und pflegt. Wenn es an seiner Seite schläft, wird es unserem Herrn, dem König, warm werden. Man suchte nun im ganzen Land Israel nach einem schönen Mädchen, fand Abischag aus Schunem und brachte sie zum König. Das Mädchen war überaus schön. Sie pflegte den König und diente ihm; doch der König erkannte sie nicht. 1. Könige 1,1–4

Ahab, der Sohn Omris, wurde König von Israel im achtunddreißigsten Jahr des Königs Asa von Juda. Er regierte in Samaria zweiundzwanzig Jahre über Israel und tat, was dem Herrn mißfiel, mehr als alle seine Vorgänger. Es war noch das wenigste, daß er an den Sünden Jerobeams, des Sohnes Nebats, festhielt. Er nahm Isebel, die Tochter Etbaals, des Königs der Sidonier, zur Frau, ging hin, diente dem Baal und betete ihn an. 1. Könige 16,29–31

Als Jehu nach Israel kam und Isebel dies erfuhr, legte sie Schminke auf ihre Augen, schmückte ihr Haupt und schaute durch das Fenster hinab. Während dann Jehu an das Tor trat, rief sie ihm zu: Geht es Simri, dem Mörder seines Herrn, gut? Jehu schaute zum Fenster empor und fragte: Ist jemand da, der zu mir hält? Zwei oder drei Hofleute sahen zu ihm herab, und er befahl ihnen: Werft sie herunter! Sie warfen sie herunter, und Isebels Blut bespritzte die Wand und die Pferde, die sie zertraten.

Dann ging Jehu hinein, um zu essen und zu trinken. Schließlich befahl er: Seht nach dieser Verfluchten, und begrabt sie; denn sie ist eine Königstochter. Doch als sie hinkamen, um sie zu begraben, fanden sie von ihr nur noch den Schädel, die Füße und die Hände. Und sie kamen zurück, um es ihm zu melden. Er aber sagte: Das ist das Wort, das der Herr durch seinen Knecht Elija aus Tischbe verkündet hat: Auf der Flur von Jesreel werden die Hunde das Fleisch Isebels fressen. Die Leiche Isebels soll wie Mist auf dem Feld in der Flur Jesreels liegen, so daß man nicht mehr sagen kann: Das ist Isebel.

2. Könige 9,30–37

Einige Zeit später ging Jesus in eine Stadt namens Nain; seine Jünger und eine große Menschenmenge folgten ihm. Als er in die Nähe des Stadttores kam, trug man gerade einen Toten heraus. Es war der einzige Sohn seiner Mutter, einer Witwe. Und viele Leute aus der Stadt begleiteten sie. Als der Herr die Frau sah, hatte er Mitleid mit ihr und sagte zu ihr: Weine nicht! Dann ging er zu der Bahre hin und faßte sie an. Die Träger blieben stehen, und er sagte: Ich befehle dir, junger Mann: Steh auf! Da richtete sich der Tote auf und begann zu sprechen, und Jesus gab ihn seiner Mutter zurück.

Lukas 7,11–15

Jesus fuhr im Boot wieder ans andere Ufer hinüber, und eine große Menschenmenge versammelte sich um ihn. Während er noch am See war, kam ein Synagogenvorsteher namens Jairus zu ihm. Als er Jesus sah, fiel er ihm zu Füßen und flehte ihn um Hilfe an, er sagte: Meine Tochter liegt im Sterben. Komm und leg ihr die Hände auf, damit sie wieder gesund wird und am Leben bleibt. Da ging Jesus mit ihm.

Viele Menschen folgten ihm und drängten sich um ihn. Darunter war eine Frau, die schon zwölf Jahre an Blutungen litt. Sie war von vielen Ärzten behandelt worden und hatte dabei sehr zu leiden; ihr ganzes Vermögen hatte sie ausgegeben, aber es hatte ihr nichts genutzt, sondern ihr Zustand war immer schlimmer geworden. Sie hatte von Jesus gehört. Nun drängte sie sich in der Menge von hinten an ihn heran und berührte sein Gewand. Denn sie sagte sich: Wenn ich auch nur sein Gewand berührte, werde ich geheilt. Sofort hörte die Blutung auf, und sie spürte deutlich, daß sie von ihrem Leiden geheilt war.

Im selben Augenblick fühlte Jesus, daß eine Kraft von ihm ausströmte, und er wandte sich in dem Gedränge um und fragte: Wer hat mein Gewand berührt? Seine Jünger sagten zu ihm: Du siehst doch, wie sich die Leute um dich drängen, und da fragst du: Wer hat mich berührt? Er blickte umher, um zu sehen, wer es getan hatte. Da kam die Frau, zitternd vor Furcht, weil sie wußte, was mit ihr geschehen war; sie fiel vor ihm nieder und sagte ihm die ganze Wahrheit. Er aber sagte zu ihr: Meine Tochter, dein Glaube hat dir geholfen. Geh in Frieden! Du sollst von deinem Leiden geheilt sein.

Während Jesus noch redete, kamen Leute, die zum Haus des Synagogenvorstehers gehörten, und sagten (zu Jairus): Deine Tochter ist gestorben. Warum bemühst du den Meister noch länger? Jesus, der diese Worte gehört hatte, sagte zu dem Synagogenvorsteher: Sei ohne Furcht; glaube nur! Und er ließ keinen mitkommen außer Petrus, Jakobus und Johannes, den Bruder des Jakobus. Sie gingen zum Haus des Synagogenvorstehers. Als Jesus den Lärm hörte, wie die Leute laut weinten und jammerten, trat er ein und sagte zu ihnen: Warum schreit und weint ihr? Das Kind ist nicht gestorben, es schläft nur. Da lachten sie ihn aus.

Er aber schickte alle hinaus und nahm außer seinen Begleitern nur die Eltern mit in den Raum, in dem das Kind lag. Er faßte das Kind an der Hand und sagte zu ihm: Talita kumi!, das heißt übersetzt: Mädchen, ich sage dir, steh auf! Sofort stand das Mädchen auf und ging umher. Es war zwölf Jahre alt. Die Leute gerieten außer sich vor Entsetzen. Doch er schärfte ihnen ein, niemand dürfe etwas davon erfahren; dann sagte er, man solle dem Mädchen etwas zu essen geben. Markus 5,21–43

Westjordanland – Die Frau am Jakobsbrunnen

Jakob brach nach Sukkot auf. Er baute sich ein Haus, und für sein Vieh errichtete er Hütten. Darum gab er dem Ort den Namen Sukkot (Hütten). Jakob gelangte, als er aus Paddan-Aram kam, wohlbehalten bis Sichem in Kanaan und schlug vor der Stadt sein Lager auf. Das Grundstück, auf dem er sein Zelt aufspannte, erwarb er von den Söhnen Hamors, des Vaters von Sichem, für hundert Kesita. Dort errichtete er einen Altar und nannte ihn: Gott, der Gott Israels. Genesis 33,17–20

Jesus verließ Judäa und ging wieder nach Galiläa. Er mußte aber den Weg durch Samarien nehmen. So kam er zu einem Ort in Samarien, der Sychar hieß und nahe bei dem Grundstück lag, das Jakob seinem Sohn Josef vermacht hatte. Dort befand sich der Jakobsbrunnen. Jesus war müde von der Reise und setzte sich daher an den Brunnen; es war um die sechste Stunde.

Da kam eine samaritische Frau, um Wasser zu schöpfen. Jesus sagte zu ihr: Gib mir zu trinken! Seine Jünger waren nämlich in den Ort gegangen, um etwas zum Essen zu kaufen. Die samaritische Frau sagte zu ihm: Wie kannst du als Jude mich, eine Samariterin, um Wasser bitten? Die Juden verkehren nämlich nicht mit den Samaritern. Jesus antwortete ihr: Wenn du wüßtest, worin die Gabe Gottes besteht und wer es ist, der zu dir sagt: Gib mir zu trinken!, dann hättest du ihn gebeten, und er hätte dir lebendiges Wasser gegeben.

Sie sagte zu ihm: Herr, du hast kein Schöpfgefäß, und der Brunnen ist tief; woher hast du also das lebendige Wasser? Bist du etwa größer als unser Vater Jakob, der uns den Brunnen gegeben und selbst daraus getrunken hat, wie seine Söhne und seine Herden?

Jesus antwortete ihr: Wer von diesem Wasser trinkt, wird wieder Durst bekommen; wer aber von dem Wasser trinkt, das ich ihm geben werde, wird niemals mehr Durst haben; vielmehr wird das Wasser, das ich ihm gebe, in ihm zur sprudelnden Quelle werden, deren Wasser ewiges Leben schenkt.

Da sagte die Frau zu ihm: Herr, gib mir dieses Wasser, damit ich keinen Durst mehr habe und nicht mehr hierher kommen muß, um Wasser zu schöpfen.

Er sagte zu ihr: Geh, ruf deinen Mann, und komm wieder her! Die Frau antwortete: Ich habe keinen Mann. Jesus sagte zu ihr: Du hast richtig gesagt: Ich habe keinen Mann. Denn fünf Männer hast du gehabt, und der, den du jetzt hast, ist nicht dein Mann. Damit hast du die Wahrheit gesagt.

Die Frau sagte zu ihm: Herr, ich sehe, daß du ein Prophet bist. Unsere Väter haben auf diesem Berg Gott angebetet; ihr aber sagt, in Jerusalem sei die Stätte, wo man anbeten muß. Jesus sprach zu ihr: Glaube mir, Frau, die Stunde kommt, zu der ihr weder auf diesem Berg noch in Jerusalem den Vater anbeten werdet. Die Stunde kommt, und sie ist schon da, zu der die wahren Beter den Vater anbeten werden im Geist und in der Wahrheit; denn so will er angebetet werden. Gott ist Geist, und alle, die ihn anbeten, müssen im Geist und in der Wahrheit anbeten.

Die Frau sagte zu ihm: Ich weiß, daß der Messias kommt, das ist: der Gesalbte, Christus. Wenn er kommt, wird er uns alles verkünden. Da sagte Jesus zu ihr: Ich bin es, ich, der mit dir spricht.

Inzwischen waren seine Jünger zurückgekommen. Sie wunderten sich, daß er mit einer Frau sprach, aber keiner sagte: Was willst du?, oder: Was redest du mit ihr? Da ließ die Frau ihren Wasserkrug stehen, eilte in den Ort und sagte zu den Leuten: Kommt her, seht, da ist ein Mann, der mir alles gesagt hat, was ich getan habe: Ist er vielleicht der Messias? Da liefen sie hinaus aus dem Ort und gingen zu Jesus.

Viele Samariter aus jenem Ort kamen zum Glauben an Jesus auf das Wort der Frau hin, die bezeugt hatte: Er hat mir alles gesagt, was ich getan habe.

Als die Samariter zu ihm kamen, baten sie ihn, bei ihnen zu bleiben; und er blieb dort zwei Tage. Und noch viel mehr Leute kamen zum Glauben an ihn aufgrund seiner eigenen Worte. Und zu der Frau sagten sie: Nicht mehr aufgrund deiner Aussage glauben wir, sondern weil wir ihn selbst gehört haben und nun wissen: Er ist wirklich der Retter der Welt.

Johannes 4,1–42 (in Auszügen)

Jericho – Bei Zachäus

Dann kam er nach Jericho und ging durch die Stadt. Dort wohnte ein Mann namens Zachäus; er war der oberste Zollpächter und war sehr reich. Er wollte gern sehen, wer dieser Jesus sei, doch die Menschenmenge versperrte ihm die Sicht; denn er war klein. Darum lief er voraus und stieg auf einen Maulbeerfeigenbaum, um Jesus zu sehen, der dort vorbeikommen mußte. Als Jesus an die Stelle kam, schaute er hinauf und sagte zu ihm: Zachäus, komm schnell herunter! Denn ich muß heute in deinem Haus zu Gast sein. Da stieg er schnell herunter und nahm Jesus freudig bei sich auf. Als die Leute das sahen, empörten sie sich und sagten: Er ist bei einem Sünder eingekehrt. Zachäus aber wandte sich an den Herrn und sagte: Herr, die Hälfte meines Vermögens will ich den Armen geben, und wenn ich von jemand zu viel gefordert habe, gebe ich ihm das Vierfache zurück. Da sagte Jesus zu ihm: Heute ist in diesem Haus das Heil geschenkt worden, weil auch dieser Mann ein Sohn Abrahams ist. Denn der Menschensohn ist gekommen, um zu suchen und zu retten, was verloren ist. Lukas 19, 1–10

Jesus sagte ihnen durch ein Gleichnis, daß sie allzeit beten und darin nicht nachlassen sollten: In einer Stadt lebte ein Richter, der Gott nicht fürchtete und auf keinen Menschen Rücksicht nahm. In der gleichen Stadt lebte auch eine Witwe, die immer wieder zu ihm kam und sagte: Verschaff mir Recht gegen meinen Feind! Lange wollte er nichts davon wissen. Dann aber sagte er sich: Ich fürchte zwar Gott nicht und nehme auch auf keinen Menschen Rücksicht; trotzdem will ich dieser Witwe zu ihrem Recht verhelfen, denn sie läßt mich nicht in Ruhe. Sonst kommt sie am Ende noch und schlägt mich ins Gesicht. Und der Herr fügte hinzu: Bedenkt, was der ungerechte Richter sagt. Sollte Gott seinen Auserwählten, die Tag und Nacht zu ihm schreien, nicht zu ihrem Recht verhelfen, sondern zögern? Ich sage euch: Er wird ihnen unverzüglich ihr Recht verschaffen. Lukas 18, 1–8

Einigen, die von ihrer eigenen Gerechtigkeit überzeugt waren und die anderen verachteten, erzählte Jesus dieses Beispiel: Zwei Männer gingen zum Tempel hinauf, um zu beten; der eine war ein Pharisäer, der andere ein Zöllner. Der Pharisäer stellte sich hin und sprach leise dieses Gebet: Gott, ich danke dir, daß ich nicht wie die anderen Menschen bin, die Räuber, Betrüger, Ehebrecher oder auch wie dieser Zöllner dort. Ich faste zweimal in der Woche und gebe dem Tempel den zehnten Teil meines ganzen Einkommens. Der Zöllner aber blieb ganz hinten stehen und wagte nicht einmal, seine Augen zum Himmel zu erheben, sondern schlug sich an die Brust und betete: Gott, sei mir Sünder gnädig! Ich sage euch: Dieser kehrte als Gerechter nach Hause zurück, der andere nicht. Denn wer sich selbst erhöht, wird erniedrigt, wer sich aber selbst erniedrigt, wird erhöht werden. Lukas 18, 9–14

Zu den beiden Männern, die das Land erkundet hatten, sagte Josua: Geht zu dem Haus der Dirne und holt von dort die Frau und alles, was ihr gehört, wie ihr es ihr geschworen habt. Da gingen die jungen Männer, die Kundschafter, und holten Rahab, ihren Vater, ihre Mutter, ihre Brüder und alles, was ihr gehörte; sie führten ihre ganze Verwandtschaft (aus der Stadt) heraus und wiesen ihnen einen Platz außerhalb des Lagers Israels an. Die Stadt aber und alles, was darin war, brannte man nieder; nur das Silber und Gold und die Geräte aus Bronze und Eisen brachte man in den Schatz im Haus des Herrn. Die Dirne Rahab und die Familie ihres Vaters und alles, was ihr gehörte, ließ Josua am Leben. So wohnt ihre Familie bis heute mitten in Israel; denn Rahab hatte die Boten versteckt, die Josua ausgesandt hatte, um Jericho auskundschaften zu lassen.

Damals schwor Josua: Verflucht beim Herrn sei der Mann, der es unternimmt, diese Stadt Jericho wieder aufzubauen. Seinen Erstgeborenen soll es ihn kosten, wenn er sie neu gründet, und seinen Jüngsten, wenn er ihre Tore wieder aufrichtet. Josua 6,22–26

Von Jericho nach Jerusalem – Die Barmherzige

Da stand ein Gesetzeslehrer auf, und um Jesus auf die Probe zu stellen, fragte er ihn: Meister, was muß ich tun, um das ewige Leben zu gewinnen? Jesus sagte zu ihm: Was steht im Gesetz? Was liest du dort? Er antwortete: Du sollst den Herrn, deinen Gott, lieben mit ganzem Herzen und ganzer Seele, mit all deiner Kraft und all deinen Gedanken und: Deinen Nächsten sollst du lieben wie dich selbst. Jesus sagte zu ihm: Du hast richtig geantwortet. Handle danach, und du wirst leben. Der Gesetzeslehrer wollte seine Frage rechtfertigen und sagte zu Jesus: Und wer ist mein Nächster?

Darauf antwortete ihm Jesus: Ein Mann ging von Jerusalem nach Jericho hinab und wurde von Räubern überfallen. Sie plünderten ihn aus und schlugen ihn nieder; dann gingen sie weg und ließen ihn halbtot lieben. Zufällig kam ein Priester denselben Weg herab; er sah ihn und ging weiter. Auch ein Levit kam zu der Stelle; er sah ihn und ging weiter. Dann kam ein Mann aus Samarien, der auf der Reise war. Als er ihn sah, hatte er Mitleid, ging zu ihm hin, goß Öl und Wein auf seine Wunden und verband sie. Dann hob er ihn auf sein Reittier, brachte ihn zu einer Herberge und sorgte für ihn. Am anderen Morgen holte er zwei Denare hervor, gab sie dem Wirt und sagte: Sorge für ihn, und wenn du mehr für ihn brauchst, werde ich es dir bezahlen, wenn ich wiederkomme.

Was meinst du: Wer von diesen dreien hat sich als der Nächste dessen erwiesen, der von den Räubern überfallen wurde? Der Gesetzeslehrer antwortete: Der, der barmherzig an ihm gehandelt hat. Da sagte Jesus zu ihm: Dann geh und handle genauso!

Lukas 10,25–37

Bethanien – Bei Martha

Sie zogen zusammen weiter, und er kam in ein Dorf. Eine Frau namens Marta nahm ihn freundlich auf. Sie hatte eine Schwester, die Maria hieß. Maria setzte sich dem Herrn zu Füßen und hörte seinen Worten zu. Marta aber war ganz davon in Anspruch genommen, für ihn zu sorgen. Sie kam zu ihm und sagte: Herr, kümmert es dich nicht, daß meine Schwester die ganze Arbeit mir allein überläßt? Sag ihr doch, sie soll mir helfen! Der Herr antwortete: Marta, Marta, du machst dir viele Sorgen und Mühen. Aber nur eines ist notwendig, Maria hat das Bessere gewählt, das soll ihr nicht genommen werden. Lukas 10, 38–42

Ein Mann war krank, Lazarus aus Betanien, dem Dorf, in dem Maria und ihre Schwester Marta wohnten. Maria ist die, die den Herrn mit Öl gesalbt und seine Füße mit ihrem Haar abgetrocknet hat; deren Bruder Lazarus war krank. Daher sandten die Schwestern Jesus die Nachricht: Herr, dein Freund ist krank. Als Jesus das hörte, sagte er: Diese Krankheit wird nicht zum Tode führen, sondern dient der Verherrlichung Gottes: Durch sie soll der Sohn Gottes verherrlicht werden. Denn Jesus liebte Marta, ihre Schwester und Lazarus. Als er hörte, daß Lazarus krank war, blieb er noch zwei Tage an dem Ort, wo er sich aufhielt. Johannes 11, 1–6

Als Jesus ankam, fand er Lazarus schon vier Tage im Grab liegen. Betanien war nahe bei Jerusalem, etwa fünfzehn Stadien (drei Kilometer) entfernt. Viele Juden waren zu Marta und Maria gekommen, um sie wegen ihres Bruders zu trösten. Als Marta hörte, daß Jesus komme, ging sie ihm entgegen, Maria aber blieb im Haus. Marta sagte zu Jesus: Herr, wärest du hier gewesen, dann wäre mein Bruder nicht gestorben. Aber auch jetzt weiß ich: Alles, worum du Gott bittest, wird Gott dir geben. Jesus sagte zu ihr: Dein Bruder wird auferstehen. Marta sagte zu ihm: Ich weiß, daß er auferstehen wird bei der Auferstehung am Letzten Tag. Jesus erwiderte ihr: Ich bin die Auferstehung und das Leben. Wer an mich glaubt, wird leben, auch wenn er stirbt, und jeder, der lebt und an mich glaubt, wird auf ewig nicht sterben. Glaubst du das? Marta antwortete ihm: Ja, Herr, ich glaube, daß du der Messias bist, der Sohn Gottes, der in die Welt kommen soll.

Nach diesen Worten ging sie weg, rief heimlich ihre Schwester Maria und sagte zu ihr: Der Meister ist da und läßt dich rufen. Als Maria das hörte, stand sie sofort auf und ging zu ihm. Denn Jesus war noch nicht in das Dorf gekommen; er war noch dort, wo ihn Marta getroffen hatte. Die Juden, die bei Maria im Haus waren und sie trösteten, sahen, daß sie plötzlich aufstand und hinausging. Da folgten sie ihr, weil sie meinten, sie gehe zum Grab, um dort zu weinen. Als Maria dorthin kam, wo Jesus war, und ihn sah, fiel sie ihm zu Füßen und sagte zu ihm: Herr, wärst du hier gewesen, dann wäre mein Bruder nicht gestorben. Als Jesus sah, wie sie weinte und wie auch die Juden weinten, die mit ihr gekommen waren, war er im Innersten erregt und erschüttert. Er sagte: Wo habt ihr ihn bestattet? Sie antworteten ihm: Herr, komm und sieh! Da weinte Jesus. Die Juden sagten: Seht, wie lieb er ihn hatte! Einige aber sagten: Wenn er dem Blinden die Augen geöffnet hat, hätte er denn nicht auch verhindern können, daß dieser hier starb? Da wurde Jesus wiederum innerlich erregt, und er ging zum Grab. Es war eine Höhle, die mit einem Stein verschlossen war.

Jesus sagte: Nehmt den Stein weg! Marta, die Schwester des Verstorbenen, entgegnete ihm: Herr, er riecht aber schon, denn es ist bereits der vierte Tag. Jesus sagte zu ihr: Habe ich dir nicht gesagt: Wenn du glaubst, wirst du die Herrlichkeit Gottes sehen? Da nahmen sie den Stein weg. Jesus aber erhob seine Augen und sprach: Vater, ich danke dir, daß du mich erhört hast. Ich wußte, daß du mich immer erhörst; aber wegen der Menge, die um mich herum steht, habe ich es gesagt; denn sie sollen glauben, daß du mich gesandt hast. Nachdem er dies gesagt hatte, rief er mit lauter Stimme: Lazarus, komm heraus! Da kam der Verstorbene heraus; seine Füße und Hände waren mit Binden umwickelt, und sein Gesicht war mit einem Schweißtuch verhüllt. Jesus sagte zu ihnen: Löst ihm die Binden, und laßt ihn weggehen. Johannes 11, 17–44

Es war ein Pharisäer namens Nikodemus, ein führender Mann unter den Juden. Der suchte Jesus bei Nacht auf und sagte zu ihm: Rabbi, wir wissen, du bist ein Lehrer, der von Gott gekommen ist; denn niemand kann die Zeichen tun, die du tust, wenn nicht Gott mit ihm ist. Johannes 3, 1–2

Als die Gerichtsdiener zu den Hohenpriestern und den Pharisäern zurückkamen, fragten diese: Warum habt ihr ihn nicht hergebracht? Die Gerichtsdiener antworteten: Noch nie hat ein Mensch so gesprochen. Da entgegneten ihnen die Pharisäer: Habt auch ihr euch in die Irre führen lassen? Ist etwa einer vom Hohen Rat oder von den Pharisäern zum Glauben gekommen? Dieses Volk jedoch, das vom Gesetz nichts versteht, verflucht ist es. Nikodemus aber, einer aus ihren eigenen Reihen, der früher einmal Jesus aufgesucht hatte, sagte zu ihnen: Verurteilt etwa unser Gesetz einen Menschen, bevor man ihn verhört und festgestellt hat, was er tut? Sie erwiderten ihm: Bist du vielleicht auch aus Galiläa? Lies doch nach: Der Prophet kommt nicht aus Galiläa. Johannes 7, 45–52

Josef aus Arimathäa war ein Jünger Jesu, aber aus Furcht vor den Juden nur heimlich. Er bat Pilatus, den Leichnam Jesu abnehmen zu dürfen, und Pilatus erlaubte es. Also kam er und nahm den Leichnam ab. Es kam auch Nikodemus, der früher einmal Jesus bei Nacht aufgesucht hatte. Er brachte eine Mischung aus Myrrhe und Aloe, etwa hundert Pfund. Sie nahmen den Leichnam Jesu und umwickelten ihn mit Leinenbinden, zusammen mit den wohlriechenden Salben, wie es beim jüdischen Begräbnis Sitte ist. An dem Ort, wo man ihn gekreuzigt hatte, war ein Garten, und in dem Garten war ein neues Grab, in dem noch niemand bestattet worden war. Wegen des Rüsttages der Juden und weil das Grab in der Nähe lag, setzten sie Jesus dort bei. Johannes 19, 38–42

Damals gehörte zu den Mitgliedern des Hohen Rates ein Mann namens Josef, der aus der jüdischen Stadt Arimathäa stammte. Er wartete auf das Reich Gottes und hatte dem, was die anderen beschlossen und taten, nicht zugestimmt, weil er gut und gerecht war. Er ging zu Pilatus und bat um den Leichnam Jesu. Lukas 23, 50–52

Noch in derselben Stunde brachen sie auf und kehrten nach Jerusalem zurück, und sie fanden die Elf und die anderen Jünger versammelt. Diese sagten: Der Herr ist wirklich auferstanden und ist dem Simon erschienen. Da erzählten auch sie, was sie unterwegs erlebt und wie sie ihn erkannt hatten, als er das Brot brach.

Während sie noch darüber redeten, trat er selbst in ihre Mitte und sagte zu ihnen: Friede sei mit euch! Sie erschraken und hatten große Angst, denn sie meinten, einen Geist zu sehen. Da sagte er zu ihnen: Was seid ihr so bestürzt? Warum laßt ihr in eurem Herzen solche Zweifel aufkommen? Seht meine Hände und meine Füße an: Ich bin es selbst. Faßt mich doch an, und begreift: Kein Geist hat Fleisch und Knochen, wie ihr es bei mir seht. Bei diesen Worten zeigte er ihnen seine Hände und Füße. Sie staunten, konnten es aber vor Freude immer noch nicht glauben. Da sagte er zu ihnen: Habt ihr etwas zu essen hier? Sie gaben ihm ein Stück gebratenen Fisch; er nahm es und aß es vor ihren Augen. Lukas 24,33–43

Bethlehem – Von Kindern und Frauen

Sie brachen von Bet-El auf. Nur ein kleines Stück Weg war es noch bis Efrata, als Rahel gebar. Sie hatte eine schwere Geburt. Als sie bei der Geburt schwer litt, redete ihr die Amme zu: Fürchte dich nicht, auch diesmal hast du einen Sohn. Während ihr das Leben entfloh – sie mußte nämlich sterben –, gab sie ihm den Namen Ben-Oni (Unheilskind); sein Vater aber nannte ihn Benjamin (Erfolgskind). Als Rahel gestorben war, begrub man sie an der Straße nach Efrata, das jetzt Bethlehem heißt. Jakob errichtete ein Steinmal über ihrem Grab. Das ist das Grabmal Rahels bis auf den heutigen Tag.

Genesis 35,16–20

In jenen Tagen, als es noch keinen König in Israel gab, lebte im entlegensten Teil des Gebirges Efraim ein Levit als Fremder. Er hatte sich eine Frau aus Bethlehem in Juda zur Nebenfrau genommen. Aber seine Nebenfrau wurde zornig auf ihn und verließ ihn; sie ging in das Haus ihres Vaters nach Bethlehem in Juda zurück. Dort war sie nun schon vier Monate lang.

Da machte sich ihr Mann auf den Weg und zog ihr mit seinem Knecht und zwei Eseln nach, um ihr ins Gewissen zu reden und sie zurückzuholen. Die Frau brachte ihn in das Haus ihres Vaters, und als der Vater der jungen Frau ihn sah, kam er ihm freudig entgegen. Da sein Schwiegervater, der Vater der jungen Frau, ihn dringend darum bat, blieb er drei Tage bei ihm. Sie aßen und tranken, und er übernachtete dort. Als sie am vierten Tag frühmorgens aufgestanden waren und er sich auf den Weg machen wollte, sagte der Vater der jungen Frau zu seinem Schwiegersohn: Stärke dich erst noch mit einem Bissen Brot; dann könnt ihr gehen. Sie setzten sich, und die beiden aßen und tranken zusammen. Der Vater der jungen Frau sagte zu dem Mann: Entschließ dich doch, (noch einmal) über Nacht zu bleiben, und dann laß es dir gutgehen! Der Mann stand auf, um zu gehen; doch sein Schwiegervater nötigte ihn, so daß er dort noch einmal übernachtete. Als er sich dann am Morgen des fünften Tages auf den Weg machen wollte, sagte der Vater der jungen Frau: Stärke dich erst noch, und bleib hier, bis der Tag zur Neige geht. So aßen sie beide zusammen. Dann stand der Mann auf, um mit seiner Nebenfrau abzureisen. Sein Schwiegervater aber, der Vater der jungen Frau, sagte zu ihm: Sieh doch, der Tag geht zu Ende, und es wird Abend. Bleibt über Nacht hier! Der Tag geht zur Neige; übernachte hier, und laß es dir gutgehen! Morgen früh könnt ihr euch dann auf den Heimweg zu deinem Zelt machen. Aber der Mann wollte nicht mehr übernachten, sondern erhob sich und ging mit seinen zwei gesattelten Eseln, seiner Nebenfrau und seinem Knecht fort.

Sie kamen zu einem Ort gegenüber von Jebus, das heißt Jerusalem. Als sie dort waren, war der Tag schon fast zu Ende gegangen. Darum sagte der Knecht zu seinem Herrn: Komm, wir wollen in der Jebusiterstadt hier einkehren und übernachten. Sein Herr antwortete ihm: Wir wollen nicht in einer Stadt von Fremden, die nicht zu den Israeliten gehört, einkehren, sondern nach Gibea weiterziehen. Und er sagte zu seinem Knecht: Laß uns lieber zu einem anderen Ort gehen; wir wollen in Gibea oder Rama übernachten. Sie zogen also weiter; als sie bei Gibea, das zu Benjamin gehört, waren, ging die Sonne unter. Sie bogen daher dort (vom Weg) ab, um nach Gibea hineinzugehen und dort zu übernachten. In der Stadt setzte er sich auf dem Marktplatz nieder; aber es fand sich niemand, der ihn in seinem Haus zum Übernachten aufnehmen wollte.

Schließlich kam ein alter Mann am Abend von seiner Arbeit auf dem Feld. Der Mann stammte aus dem Gebirge Efraim und lebte als Fremder in Gibea; die Einwohner des Ortes waren Benjaminiter. Als der alte Mann aufsah, erblickte er den Wanderer auf dem Platz der Stadt und fragte ihn: Woher kommst du, und wohin gehst du? Er antwortete ihm: Wir sind auf der Durchreise von Bethlehem in Juda zum entlegensten Teil des Gebirges Efraim. Von dort komme ich; ich war nach Bethlehem in Juda gegangen und bin nun auf dem Weg nach Hause. Aber hier findet sich niemand, der mich in sein Haus aufnimmt, obwohl wir alles dabei haben, Stroh und Futter für unsere Esel und auch Brot und Wein für mich, deine Magd und den Knecht, der bei deinem Diener ist. Es fehlt also an nichts. Der alte Mann entgegnete: Sei mir willkommen! Was dir fehlt, das laß nur meine Sorge sein; auf dem Platz jedenfalls darfst du nicht übernachten. Und er führte ihn in sein Haus und schüttete den Eseln Futter vor. Sie wuschen sich die Füße und aßen und tranken.

Während sie sich's nun wohl sein ließen, umringten plötzlich einige Männer aus der Stadt, übles Gesindel, das Haus, schlugen an die Tür und sagten zu dem alten Mann, dem Besitzer des Hauses: Bring den Mann heraus, der in dein Haus gekommen ist; wir wollen unseren Mutwillen mit ihm treiben. Der Besitzer des Hauses ging zu ihnen hinaus und sagte zu ihnen: Nein, meine Brüder, so etwas Schlimmes dürft ihr nicht tun. Dieser Mann ist als Gast in mein Haus gekommen; darum dürft ihr keine solche Schandtat begehen. Da ist meine jungfräuliche Tochter und seine Nebenfrau. Sie will ich zu euch hinausbringen; ihr könnt sie euch gefügig machen und mit ihnen tun, was euch gefällt. Aber an diesem Mann dürft ihr keine solche Schandtat begehen. Doch die Männer wollten nicht auf ihn hören.

Da ergriff der Levit seine Nebenfrau und brachte sie zu ihnen auf die Straße hinaus. Sie mißbrauchten sie und trieben die ganze Nacht hindurch bis zum Morgen ihren Mutwillen mit ihr. Sie ließen sie erst gehen, als die Morgenröte heraufzog. Als der Morgen anbrach, kam die Frau zurück; vor der Haustür des Mannes, bei dem ihr Herr wohnte, brach sie zusammen und blieb dort liegen, bis es hell wurde.

Ihr Herr stand am Morgen auf, öffnete die Haustür und ging hinaus, um seine Reise fortzusetzen. Da lag die Frau, seine Nebenfrau, zusammengebrochen am Eingang des Hauses, die Hände auf der Schwelle. Er sagte zu ihr: Steh auf, wir wollen gehen! Doch sie antwortete nicht. Da legte er sie auf den Esel und machte sich auf die Heimreise. Als er nach Hause gekommen war, nahm er ein Messer, ergriff seine Nebenfrau, zerschnitt sie in zwölf Stücke, Glied für Glied, und schickte sie in das ganze Gebiet Israels. Jeder, der das sah, sagte: So etwas ist noch nie geschehen, so etwas hat man nicht erlebt, seit die Söhne Israels aus Ägypten heraufgezogen sind, bis zum heutigen Tag. Denkt darüber nach, beratet, und sagt (was ihr dazu meint)! Richter 19, 1–30

Zur Zeit, als die Richter regierten, kam eine Hungersnot über das Land. Da zog ein Mann mit seiner Frau und seinen beiden Söhnen aus Bethlehem in Juda fort, um sich als Fremder im Grünland Moabs niederzulassen. Der Mann hieß Elimelech, seine Frau Noomi, und seine Söhne hießen Machlon und Kiljon; sie waren Efratiter aus Bethlehem in Juda. Als sie im Grünland Moabs ankamen, blieben sie dort. Rut 1, 1–2

Rut antwortete: Dränge mich nicht, dich zu verlassen und umzukehren. Wohin du gehst, dahin gehe auch ich, und wo du bleibst, da bleibe auch ich. Dein Volk ist mein Volk, und dein Gott ist mein Gott. Wo du stirbst, da sterbe auch ich, da will ich begraben sein. Der Herr soll mir dies und das antun – nur der Tod wird mich von dir scheiden. Als sie sah, daß Rut darauf bestand, mit ihr zu gehen, redete sie nicht länger auf sie ein. So zogen sie miteinander bis Bethlehem. Rut 1, 16–19

Die Nachbarinnen wollten ihm einen Namen geben und sagten: Der Noomi ist ein Sohn geboren. Und sie gaben ihm den Namen Obed. Er ist der Vater Isais, des Vaters Davids. Rut 4,17

Saul fragte ihn: Wessen Sohn bist du, junger Mann? David antwortete: Der Sohn deines Knechtes Isai aus Bethlehem.

1. Samuel 17, 58

Boas zeugte Obed, Obed zeugte Isai, Isai zeugte Eliab als Erstgeborenen, als zweiten Abidnadab, als dritten Schima, als vierten Netanel, als fünften Raddai, als sechsten Ozem, als siebten David. Ihre Schwestern waren Zeruja und Abigail. Die Söhne der Zeruja waren Abischai, Joab und Asael, diese drei. Abigail gebar Amasa. Der Vater Amasas war der Ismaeliter Jeter. 1. Chronik 2, 12–17

So zog auch Josef von der Stadt Nazareth in Galiläa hinauf nach Judäa in die Stadt Davids, die Bethlehem heißt; denn er war aus dem Haus und Geschlecht Davids. Er wollte sich eintragen lassen mit Maria, seiner Verlobten, die ein Kind erwartete. Als sie dort waren, kam für Maria die Zeit ihrer Niederkunft, und sie gebar ihren

Sohn, den Erstgeborenen. Sie wickelte ihn in Windeln und legte ihn in eine Krippe, weil in der Herberge kein Platz für sie war.

Lukas 2, 4–7

Als Herodes merkte, daß ihn die Sterndeuter getäuscht hatten, wurde er sehr zornig, und er ließ in Bethlehem und der ganzen Umgebung alle Knaben bis zum Alter von zwei Jahren töten, genau der Zeit entsprechend, die er von den Sterndeutern erfahren hatte.

Matthäus 2, 16

Bethanien – Die Salbung

Als Jesus in Betanien im Haus Simons des Aussätzigen bei Tisch war, kam eine Frau mit einem Alabastergefäß voll kostbarem, wohlriechendem Öl zu ihm und goß es über sein Haar. Die Jünger wurden unwillig, als sie das sahen, und sagten: Wozu diese Verschwendung? Man hätte das Öl teuer verkaufen und das Geld den Armen geben können. Jesus bemerkte ihren Unwillen und sagte zu ihnen: Warum laßt ihr die Frau nicht in Ruhe? Sie hat ein gutes Werk an mir getan. Denn die Armen habt ihr immer bei euch, mich aber habt ihr nicht immer. Als sie das Öl über mich goß, hat sie meinen Leib für das Begräbnis gesalbt. Amen, ich sage euch: Überall auf der Welt, wo dieses Evangelium verkündet wird, wird man sich an sie erinnern und erzählen, was sie getan hat. Matthäus 26,6–13

Jerusalem – Die Klagemauer

Als Jesus einmal dem Opferkasten gegenübersaß, sah er zu, wie die Leute Geld in den Kasten warfen. Viele Reiche kamen und gaben viel. Da kam auch eine arme Witwe und warf zwei kleine Münzen hinein. Er rief seine Jünger zu sich und sagte: Amen, ich sage euch: Diese arme Witwe hat mehr in den Opferkasten hineingeworfen als alle anderen. Denn sie alle haben nur etwas von ihrem Überfluß hergegeben; diese Frau aber, die kaum das Nötigste zum Leben hat, sie hat alles gegeben, was sie besaß, ihren ganzen Lebensunterhalt. Markus 12, 41–44

Am frühen Morgen begab er sich wieder in den Tempel. Alles Volk kam zu ihm. Er setzte sich und lehrte es. Da brachten die Schriftgelehrten und die Pharisäer eine Frau, die beim Ehebruch ertappt worden war. Sie stellten sie in die Mitte und sagten zu ihm: Meister, diese Frau wurde beim Ehebruch auf frischer Tat ertappt. Mose hat uns im Gesetz vorgeschrieben, solche Frauen zu steinigen. Nun, was sagst du? Mit dieser Frage wollten sie ihn auf die Probe stellen, um einen Grund zu haben, ihn zu verklagen. Jesus aber bückte sich und schrieb mit dem Finger auf die Erde. Als sie hartnäckig weiterfragten, richtete er sich auf und sagte zu ihnen: Wer von euch ohne Sünde ist, werfe als erster einen Stein auf sie. Und er bückte sich wieder und schrieb auf die Erde. Als sie seine Antwort gehört hatten, ging einer nach dem anderen fort, zuerst die Ältesten. Jesus blieb allein zurück mit der Frau, die noch in der Mitte stand. Er richtete sich auf und sagte zu ihr: Frau, wo sind sie geblieben? Hat dich keiner verurteilt? Sie antwortete: Keiner, Herr. Da sagte Jesus zu ihr: Auch ich verurteile dich nicht. Geh und sündige von jetzt an nicht mehr! Johannes 8,2–11

Von den Sadduzäern, die behaupten, es gebe keine Auferstehung, kamen einige zu Jesus und fragten ihn: Meister, Mose hat uns vorgeschrieben: Wenn ein Mann, der einen Bruder hat, stirbt und eine Frau hinterläßt, aber kein Kind, dann soll sein Bruder die Frau heiraten und seinem Bruder Nachkommen verschaffen. Es lebten einmal sieben Brüder. Der erste nahm sich eine Frau, und als er starb, hinterließ er keine Nachkommen. Da nahm sie der zweite; auch er starb, ohne Nachkommen zu hinterlassen, und ebenso der dritte. Keiner der sieben hatte Nachkommen. Als letzte von allen starb die Frau. Wessen Frau wird sie nun bei der Auferstehung sein? Alle sieben haben sie doch zur Frau gehabt. Jesus sagte zu ihnen: Ihr irrt euch, ihr kennt weder die Schrift noch die Macht Gottes. Wenn nämlich die Menschen von den Toten auferstehen, werden sie nicht mehr heiraten, sondern sie werden sein wie die Engel im Himmel.

Markus 12, 18–25

Gethsemane – Eine Frau träumt

Nach diesen Worten ging Jesus mit seinen Jüngern hinaus, auf die andere Seite des Baches Kidron. Dort war ein Garten; in den ging er mit seinen Jüngern hinein. Auch Judas, der Verräter, der ihn auslieferte, kannte den Ort, weil Jesus dort oft mit seinen Jüngern zusammengekommen war. Judas holte die Soldaten und die Gerichtsdiener der Hohenpriester und der Pharisäer, und sie kamen dorthin mit Fackeln, Laternen und Waffen. Jesus, der alles wußte, was mit ihm geschehen sollte, ging hinaus und fragte sie: Wen sucht ihr? Sie antworteten ihm: Jesus von Nazareth. Er sagte zu ihnen: Ich bin es.

Johannes 18, 1–5

Da sagte Jesus zu ihnen: Wie gegen einen Räuber seid ihr mit Schwertern und Knüppeln ausgezogen, um mich festzunehmen. Tag für Tag war ich bei euch im Tempel und lehrte, und ihr habt mich nicht verhaftet; aber (das ist geschehen), damit die Schrift in Erfüllung geht. Da verließen ihn alle und flohen. Ein junger Mann aber, der nur mit einem leinenen Tuch bekleidet war, wollte ihm nachgehen. Da packten sie ihn; er aber ließ das Tuch fallen und lief nackt davon. Markus 14, 48–52

Als Petrus unten im Hof war, kam eine von den Mägden des Hohenpriesters. Sie sah, wie Petrus sich wärmte, blickte ihn an und sagte: Auch du warst mit diesem Jesus aus Nazareth zusammen. Doch er leugnete es und sagte: Ich weiß nicht und verstehe nicht, wovon du redest. Dann ging er in den Vorhof hinaus. Als die Magd ihn dort bemerkte, sagte sie zu denen, die dabeistanden, noch einmal: Der gehört zu ihnen. Er aber leugnete es wieder ab. Wenig später sagten die Leute, die dort standen, von neuem zu Petrus: Du gehörst wirklich zu ihnen; du bist doch auch ein Galiläer. Da fing er an zu fluchen und schwor: Ich kenne diesen Menschen nicht, von dem ihr redet. Markus 14, 66–71

Jerusalem – Die Frauen am Grab

Jesus aber schrie laut auf. Dann hauchte er den Geist aus. Da riß der Vorhang im Tempel von oben bis unten entzwei. Als der Hauptmann, der Jesus gegenüberstand, ihn auf diese Weise sterben sah, sagte er: Wahrhaftig, dieser Mensch war Gottes Sohn. Auch einige Frauen sahen von weitem zu, darunter Maria aus Magdala, Maria, die Mutter von Jakobus dem Kleinen und Joses, sowie Salome; sie waren Jesus schon in Galiläa nachgefolgt und hatten ihm gedient. Noch viele andere Frauen waren dabei, die mit ihm nach Jerusalem hinaufgezogen waren. Markus 15,37–41

Da es Rüsttag war, der Tag vor dem Sabbat, und es schon Abend wurde, ging Josef von Arimathäa, ein vornehmer Ratsherr, der auch auf das Reich Gottes wartete, zu Pilatus und wagte es, um den Leichnam Jesu zu bitten. Pilatus war überrascht, als er hörte, daß Jesus schon tot sei. Er ließ den Hauptmann kommen und fragte ihn, ob Jesus bereits gestorben sei. Als der Hauptmann ihm das bestätigte, überließ er Josef den Leichnam. Josef kaufte ein Leinentuch, nahm Jesus vom Kreuz, wickelte ihn in das Tuch und legte ihn in ein Grab, das in einen Felsen gehauen war. Dann wälzte er einen Stein vor den Eingang des Grabes. Maria aus Magdala aber und Maria, die Mutter des Joses, beobachteten, wohin der Leichnam gelegt wurde. Markus 15, 42–47

Am ersten Tag der Woche gingen die Frauen mit den wohlriechenden Salben, die sie zubereitet hatten, in aller Frühe zum Grab. Da sahen sie, daß der Stein vom Grab weggewälzt war; sie gingen hinein, aber den Leichnam Jesu, des Herrn, fanden sie nicht. Während sie ratlos dastanden, traten zwei Männer in leuchtenden Gewändern zu ihnen. Die Frauen erschraken und blickten zu Boden. Die Männer aber sagten zu ihnen: Was sucht ihr den Lebenden bei den Toten? Er ist nicht hier, sondern er ist auferstanden. Erinnert euch an das, was er euch gesagt hat, als er noch in Galiläa war: Der Menschensohn muß den Sündern ausgeliefert und gekreuzigt werden und am dritten Tag auferstehen. Da erinnerten sie sich an seine Worte. Und sie kehrten vom Grab in die Stadt zurück und berichteten alles den Elf und den anderen Jüngern. Es waren Maria Magdalena, Johanna und Maria, die Mutter des Jakobus; auch die übrigen Frauen, die bei ihnen waren, erzählten es den Aposteln. Doch die Apostel hielten das alles für Geschwätz und glaubten ihnen nicht.

Lukas 24,1–11

Emmaus – Kirchenträume

Am gleichen Tag waren zwei von den Jüngern auf dem Weg in ein Dorf namens Emmaus, das sechzig Stadien (etwa elf Kilometer) von Jerusalem entfernt ist. Sie sprachen miteinander über all das, was sich ereignet hatte. Während sie redeten und ihre Gedanken austauschten, kam Jesus hinzu und ging mit ihnen. Doch sie waren wie mit Blindheit geschlagen, so daß sie ihn nicht erkannten. Er fragte sie: Was sind das für Dinge, über die ihr auf eurem Weg miteinander redet? Da blieben sie traurig stehen, und der eine von ihnen – er hieß Kleopas – antwortete ihm: Bist du so fremd in Jerusalem, daß du als einziger nicht weißt, was in diesen Tagen dort geschehen ist? Er fragte sie: Was denn? Sie antworteten ihm: Das mit Jesus aus Nazaret. Er war ein Prophet, mächtig in Wort und Tat vor Gott und dem ganzen Volk. Doch unsere Hohenpriester und Führer haben ihn zum Tod verurteilt und ans Kreuz schlagen lassen. Wir aber hatten gehofft, daß er der sei, der Israel erlösen werde. Und dazu ist heute schon der dritte Tag, seitdem das alles geschehen ist. Aber nicht nur das: Auch einige Frauen aus unserem Kreis haben uns in große Aufregung versetzt. Sie waren in der Frühe beim Grab, fanden aber seinen Leichnam nicht. Als sie zurückkamen, erzählten sie, es seien ihnen Engel erschienen und hätten gesagt, er lebe. Einige von uns gingen dann zum Grab und fanden alles so, wie die Frauen gesagt hatten; ihn selbst aber sahen sie nicht.

Da sagte er zu ihnen: Begreift ihr denn nicht? Wie schwer fällt es euch, alles zu glauben, was die Propheten gesagt haben. Mußte nicht der Messias all das erleiden, um so in seine Herrlichkeit zu gelangen? Und er legte ihnen dar, ausgehend von Mose und allen

Propheten, was in der gesamten Schrift über ihn geschrieben steht. So erreichten sie das Dorf, zu dem sie unterwegs waren. Jesus tat, als wolle er weitergehen, aber sie drängten ihn und sagten: Bleib doch bei uns; denn es wird bald Abend, der Tag hat sich schon geneigt. Da ging er mit hinein, um bei ihnen zu bleiben.

Und als er mit ihnen bei Tisch war, nahm er das Brot, sprach den Lobpreis, brach das Brot und gab es ihnen. Da gingen ihnen die Augen auf, und sie erkannten ihn; dann sahen sie ihn nicht mehr. Und sie sagten zueinander: Brannte uns nicht das Herz in der Brust, als er unterwegs mit uns redete und uns den Sinn der Schrift erschloß?

Noch in derselben Stunde brachen sie auf und kehrten nach Jerusalem zurück, und sie fanden die Elf und die anderen Jünger versammelt. Diese sagten: Der Herr ist wirklich auferstanden und ist dem Simon erschienen. Da erzählten auch sie, was sie unterwegs erlebt und wie sie ihn erkannt hatten, als er das Brot brach.

Lukas 24,13–35

Jaffa / Tel Aviv – Die Frau am Meer

In Joppe lebte eine Jüngerin namens Tabita, das heißt übersetzt: Gazelle. Sie tat viele gute Werke und gab reichlich Almosen. In jenen Tagen aber wurde sie krank und starb. Man wusch sie und bahrte sie im Obergemach auf. Weil aber Lydda nahe bei Joppe liegt und die Jünger hörten, daß Petrus dort war, schickten sie zwei Männer zu ihm und ließen ihn bitten: Komm zu uns, zögere nicht! Da stand Petrus auf und ging mit ihnen. Als er ankam, führten sie ihn in das Obergemach hinauf; alle Witwen traten zu ihm, weinten und zeigten ihm die Röcke und Mäntel, die Gazelle gemacht hatte, als sie noch bei ihnen war. Petrus aber schickte sie alle hinaus, kniete nieder und betete. Dann wandte er sich zu dem Leichnam und sagte: Tabita, steh auf! Da öffnete sie ihre Augen, sah Petrus an und setzte sich auf. Er gab ihr die Hand und ließ sie aufstehen; dann rief er die Heiligen und Witwen und zeigte ihnen, daß sie wieder lebte. Das wurde in ganz Joppe bekannt, und viele kamen zum Glauben an den Herrn.

Apostelgeschichte 9,36–42

Anmerkungen

1 Gerhard Kittel (Hrsg.), Theologisches Wörterbuch zum Neuen Testament, Stuttgart 1957, Bd. 5, S. 861
2 Gerhard Dautzenberg u. a., Die Frau im Urchristentum, Freiburg i. Brsg. 1983, S. 188
3 Gerhard Dautzenberg, a. a. O., S. 201
4 Renate Möhrmann (Hrsg.), Frauenemanzipation im deutschen Vormärz. Texte und Dokumente, Stuttgart 1978, S. 104
5 Erich Weidinger (Hrsg.), Legenda aurea. Das Leben der Heiligen, Aschaffenburg 1986, S. 189
6 Friedrich Michael Schiele (Hrsg.), Religion in Geschichte und Gegenwart. Handwörterbuch in gemeinverständlicher Darstellung (RGG), Tübingen 1909, Bd. 4, Sp. 53; Olivier Odelain, Lexikon der biblischen Eigennamen, Düsseldorf 1981
7 Olivier Odelain, a. a. O.; Martin Metzger, Grundrisse der Geschichte Israels, Neukirchen-Vluyn 1963, S. 211
8 Martin Metzger, a. a. O., S. 213; Karl Matthiae und Winfried Thiel, Biblische Zeittafeln, Neukirchen-Vluyn 1985
9 Olivier Odelain, a. a. O.
10 Martin Metzger, a. a. O., S. 214
11 Flavius Josephus, Jüdische Altertümer, Wiesbaden 1987^7, S. 657
12 Tacitus, Historiae V, in: RGG, a. a. O., Bd. 2, Sp. 853
13 Der kleine Pauly. Lexikon der Antike, hrsg. von Konrat Ziegler und Walther Sontheimer, Stuttgart 1964
14 Karl Matthiae, a. a. O.
15 Michael Grant, Roms Cäsaren, München 1978
16 Der kleine Pauly, a. a. O.; Michael Grant, a. a. O.; Meyers Universal Lexikon, Bd. 3, Sp. 809
17 Michael Grant, a. a. O.
18 Mark Lippold, Israel kennen und lieben. Erlebnisurlaub im Land der Bibel, Lübeck 1982, S. 84
19 RGG, a. a. O., Bd. 1, Sp. 725
20 Lexikon der biblischen Eigennamen, a. a. O.
21 Mark Lippold, a. a. O., S. 85
22 Karl Matthiae, a. a. O.; Der kleine Pauly, a. a. O.
23 Martin Metzger, a. a. O., S. 212
24 RGG, a. a. O., Bd. 5, Sp. 1060
25 Angela Sommer, Sarah bei den Wölfen, in: Im Jahrhundert der Frau, Suhrkamp Almanach, Frankfurt/M. 1980

26 Legenda aurea, a. a. O., S. 257
27 Elaine Pagels, Versuchung durch Erkenntnis. Die gnostischen Evangelien, Frankfurt/M. 1987, S. 110
28 Elisabeth Moltmann-Wendel, Ein eigener Mensch werden. Frauen um Jesus, Gütersloh 1981[2], S. 82
29 Elaine Pagels, a. a. O., S. 110
30 Legenda aurea, a. a. O., S. 263
31 Irene Schmale (Hrsg.), Große Frauengestalten der abendländischen Geschichte. 4.–16. Jahrhundert, Düsseldorf 1987, S. 10
32 Ernst Gutting, Offensive gegen den Patriarchalismus. Für eine menschlichere Welt, Freiburg/Brsg.
33 Elisabeth Moltmann-Wendel, a. a. O., S. 30
34 Duden Band 7, Das Herkunftswörterbuch. Die Etymologie der deutschen Sprache, Mannheim 1963
35 Gerhard Madaus, Lehrbuch der biologischen Heilmittel, Neuauflage von 1938, Hildesheim 1976, Bd. 2, S. 1048
36 Der neue Brockhaus, Wiesbaden 1959[3]
37 Der neue Brockhaus, a. a. O.
38 E. Steinegger/R. Hänsel, Lehrbuch der Pharmakognosie, Berlin 1972[3], S. 272
39 Gerhard Madaus, a. a. O., Bd. 2, S. 1048
40 Gerhard Madaus, a. a. O., Bd. 2, S. 1126
41 Ernst Mutschler, Arzneimittelwirkungen, Stuttgart 1986[5], S. 207
42 Gerhard Kittel, a. a. O., Bd. 2, S. 13
43 Gerda Weiler, Ich verwerfe im Lande die Kriege. Das verborgene Matriarchat im Alten Testament, München 1984, zum Titelbild
44 Edward Noort, Israel und das westliche Jordanufer, Neukirchen-Vluyn 1987, S. 315
45 Katholisches Kirchengesangbuch, Gotteslob, S. 913
46 Katholisches Kirchengesangbuch, Nr. 573, 1
47 RGG, a. a. O., Bd. 4, Sp. 151; Gisela von Frankenberg, Kulturvergleichendes Lexikon, Bonn 1984, S. 311
48 Karl Heinrich Rengstorf, Das Evangelium nach Lukas, in: Das Neue Testament Deutsch (NTD), Göttingen 1952, S. 49
49 Edward Noort, a. a. O., S. 306
50 Katholisches Kirchengesangbuch, S. 74
51 Emmanuel Dehan, Unser Besuch in Israel, Tel Aviv 1985[12], S. 135
52 Legenda aurea, a. a. O., S. 141
53 Alice Scherer, Helena, die Mutter Kaiser Constantins, in: Irene Schmale, a. a. O., S. 21
54 Legenda aurea, a. a. O., S. 104

55 Elaine Pagels, a. a. O., S. 60
56 RGG, a. a. O., Bd. 2, Sp. 1389
57 Der kleine Pauly, a. a. O.
58 Emmanuel Dehan, a. a. O., S. 25
59 Legenda aurea, a. a. O., S. 141
60 Bertolt Brecht, Der gute Mensch von Sezuan, Berlin 1955

Ingeborg Kruse

Unter dem Schleier – ein Lachen

Neue Frauengeschichten aus dem Alten Testament

238 Seiten, kartoniert, ISBN 3-7831-0816-0

Ingeborg Kruse schildert eine Phantasiereise durch den Orient, bei der sie über zwanzig Frauen aufsucht, von denen das Alte Testament berichtet. Mit Neugierde und der Einfühlung einer Frau erkundet die Autorin, was die Ahnfrauen Israels wie Sara, Rebekka, Lea und Rahel wirklich bewegt haben mag, wie die Frauen um Mose sich selbst verstanden haben und wer der große Mann in ihren Augen gewesen ist.

Was die Frauen im Zelt, am Brunnen oder bei Quellen in der Wüste der Reisenden aus dem 20. Jahrhundert zuflüstern, was sie ihr anvertrauen und wo sie beredt schweigen, das alles hört sich oft recht anders an, als in der Schrift geschrieben steht. Viele Geschichten erscheinen plötzlich in neuem Licht, werden neu gedeutet aus weiblicher Perspektive.

Die kurzen Dialoge und Beobachtungen auf Bergen, in Karawansereien und Höhlen faszinieren durch die dichte Atmosphäre und durch die weibliche Spiritualität, mit der Ingeborg Kruse fragt und zu begreifen versucht.

Kreuz Verlag